IMPARA LO SPAGNOLO DA ZERO

PLAZA CENTRAL

Copyright © 2023 by Plaza Central

Tutti i diritti riservati. E' vietata la riproduzione totale o parziale del presente libro senza autorizzazione da parte dell'editore.

Codice ISBN: 9798392199709

INDICE

BIENVENIDO	4
MODULO 1: Pronunciación	5
MODULO 2	
UNIDAD 1: Nombre y Nacionalidad	16
UNIDAD 2 : Pronombres personales, V.Regulares y V.Ser	23
UNIDAD 3 : Saludos, Despedidas y Encantado	28
QUIZ 1-3	31
MODULO 3	
UNIDAD 4 : Residencia y Trabajo	37
UNIDAD 5 : Masculino, Femenino, Singular y Plural	42
UNIDAD 6: Clima, Fórmulas de cortesía y Días de la semana	47
QUIZ 4-6	50
MODULO 4	
UNIDAD 7 : Edad, Cumpleaños y Contacto	56
UNIDAD 8: V. Reflexivos y V. Tener	62
UNIDAD 9 : Horas y Partes del día	67
QUIZ 7-9	70
MODULO 5	
UNIDAD 10 : Estados de ánimo, Descripción física y carácter	76
UNIDAD 11 : V. Estar, Usos, Diferencia con Ser y V. Gustar	81
UNIDAD 12 : Expresar Gustos y Pasatiempos	86
QUIZ 10-12	89
SOLUCIONES	96

BIENVENIDA

Con questo libro voglio aiutarti a raggiungere l'obiettivo di imparare lo spagnolo da zero. Insomma, non vorrai andare in Spagna e ritrovarti a non saper rispondere perché non riesci a capire proprio nulla?

Con Impara lo Spagnolo da Zero imparerai lo spagnolo rapidamente. Lo spagnolo è molto simile all' italiano però ci sono anche tante differenze linguistiche e se sei arrivato a prendere questo libro, probabilmente ti sei già reso conto che per parlare spagnolo non è sufficiente aggiungere una S alla fine di ogni parola (lo so, è una leggenda che ormai viene da lontano).

In questo manuale troverai 5 moduli. Nel primo modulo imparerai da subito la pronuncia, per poi passare a quelli successivi con le prime informazioni di base e lessico come dire il tuo nome, l'età, la nazionalità, i numeri, hobbies, le professioni, ecc. Affronterai sempre anche una parte di grammatica, dove ti insegnerò a coniugare i verbi più comuni e usati o come fare il plurale delle parole, e infine troverai una parte di esercizi per poter verificare quello che hai imparato alla fine di ogni modulo. Ricorda che ci sono le soluzioni degli esercizi alla fine del libro.

Direi che con questo siamo pronti a partire. Allaccia la cintura. Vamos!

MODULO 1
PRONUNCIACIÓN

Iniziamo questo viaggio con i suoni in spagnolo, probabilmente ascoltando e canticchiando alcune canzoni spagnole ti sei accorto che ci sono parole difficili da pronunciare, o suoni che in italiano non esistono.

Partiamo con un piccolo test, quanto pensi di saperne sulla pronuncia spagnola? Riesci a leggere queste parole? come si pronunciano? prova liberamente:

GENTE	**CIELO**	**PISCINA**
gente	cielo	piscina
POLLO	**CENA**	**CHAQUETA**
pollo	cena	giacca
MAGIA	**QUIENES**	**LLAMARSE**
magia	chi	chiamarsi

Ora procediamo con la prima regola:

Regla 1: B - V V=B

Queste due lettere in spagnolo sono pronunciate nello stesso modo, non c'è nessuna differenza di suoni come invece la troviamo in italiano o in inglese.

So che questo può sembrare difficile da assimilare e immagino che tu ti chieda come sia possibile che gli spagnoli possano distinguere tra B e V? Nella forma parlata non c'è di fatto alcuna differenza e infatti suona sempre la B; invece, nella forma scritta bisogna ricordarsi quando dobbiamo mettere B o V. Insomma, pian piano imparerai le parole che sono scritte con una o con l'altra lettera.

Esempio: **Vale** che vuol dire OK o VA BENE, sicuramente lo hai sentito più di una volta, non si pronuncia "VVALE", ma si pronuncia "BALE".

BARCELONA e **VALENCIA** SI PRONUNCIANO ENTRAMBE CON LA "B".

Per farti capire in maniera facile e intuitiva, ti elenco la parola in spagnolo, seguita dalla traduzione in italiano e infine ti riscrivo la parola in spagnolo con l'icona della regola che abbiamo appena imparato, in modo che tu possa ricordarti come leggerla. La parola "Vino", quindi, non la leggerai con la "V", ma dovrai ricordarti di usare la "B".

Esempio:

VINO vino ⟨V⇄B⟩INO   **BUEN** buono ⟨V⇄B⟩UEN

VE vede ⟨V⇄B⟩E   **BIEN** bene ⟨V⇄B⟩IEN

VENTANA finestra ⟨V⇄B⟩ENTANA   **BEBE** beve ⟨V⇄B⟩EBE

Adesso prova tu!

ALVARO NO VE BIEN LA VENTANA CUANDO BEBE BUEN VINO
Alvaro non vede bene la finestra quando beve del buon vino.

Regla 2 : Ñ

Questa lettera non esiste nell'alfabeto italiano ma è una delle più caratteristiche dello spagnolo. È molto facile da ricordare, si pronuncia come il suono "GN" italiano. Immagino tu l'abbia già vista ogni tanto, è anche una delle lettere della parola **ESPAÑA**.
Esempio:

SUEÑA sogna   **SUE Ñ A**   **NIÑO** bambino   **NI Ñ O**

PEQUEÑO piccolo **PEQUE Ñ O**   **ARAÑA** ragno   **ARA Ñ A**

Adesso prova tu!

EL NIÑO PEQUEÑO SUEÑA CON LA ARAÑA
Il bambino piccolo suona con il ragno

REGLA 3: SONIDO Z

Questo suono è pronunciato come TH in inglese. In spagnolo usiamo due consonanti per riprodurre questo suono. La lettera Z con alcune vocali e la lettera C con altre. Si scrive con Z:

   A= ZA   O= ZO   U= ZU

Come per le altre regole già viste lunedì scorso, vedremo in maniera facile e intuitiva come applicare la regola nelle parole che andrai a leggere. Ricorda che trovi subito la parola in spagnolo, seguita dalla traduzione in italiano e infine la parola in spagnolo con l'icona della regola che abbiamo appena imparato, in modo che tu possa ricordarti come leggerla.

La parola "Zapatos", quindi, non la leggerai con la "Z" italiana, ma dovrai ricordarti di usare la "Z" spagnola con la lingua tra i denti.

Esempio:

ZAPATOS	scarpe	З APATOS
ZORRO	volpe	З ORRO
AZÚCAR	zucchero	З ÚCAR

Le parole con ZE o ZI in spagnolo non sono molto comuni; quindi, quando pensi a una parola che in italiano suona come ZE O ZI, in spagnolo sono sempre scritte con CE o CI. Quindi questo suono З è scritto usando C con:

E= CE   I= CI

Esempio:

ENCARCELAN	imprigionano	ENCAR З ELAN
CIEN	cento	З IEN
DULCE	dolce	DUL З E
POLICÍAS	poliziotti	POLI З ÍAS

Adesso prova tu!

CIEN POLICIAS CON ZAPATOS ENCARCELAN AL DULCE ZORRO CON AZÚCAR

Cento poliziotti con le scarpe imprigionano la dolce volpe con lo zucchero.

REGLA 4: SONIDO K

Questo suono, si comporta come il precedente con le vocali E e I, infatti è scritto usando "C" con le vocali:

    A = CA   O = CO   U = CU

Esempio:

    CANTAR   cantare   **KANTAR**

    COMER   mangiare   **KOMER**

    CUANDO   quando   **KUANDO**

Attenzione però: a differenza dell'italiano, questo suono K +U è scritto con la C e non con la Q. Esempio:

CUADRO, CUÁNTO, CUATRO   quadro, quanto, quattro

Abbiamo visto che se mettiamo "CE" o "CI" il suono non è "K" ma "Z". Per avere il suono "KE" o "KI" dovremo usare "QUE" o "QUI". In spagnolo la lettera Q è usata solo in questi due casi. La U è muta, quindi non devi leggerla. Esempio:

    QUESOS   formaggi   **KESOS**

    QUERÉIS   volete   **KERÉIS**

    QUINCE   quindici   **KINCE**

Adesso prova tu!

¿QUERÉIS CANTAR CUANDO PODÉIS COMER QUINCE QUESOS?
Volete cantare quando potete mangiare quindici formaggi?

REGLA 5 H

La H è muta, non si pronuncia **NUNCA** (mai), né all'inizio né a metà della parola. Esempio:

HABLA	parla	HABLA
HELADO	gelato	HELADO
HERMANA	sorella	HERMANA
HOMBRE	uomo	HOMBRE

Adesso prova tu!

EL HOMBRE CON UN HELADO HABLA CON SU HERMANA
L'uomo con un gelato parla con sua sorella

REGLA 6 Y

Questa lettera ha due suoni diversi:

-Suono consonantico: quando si trova all'inizio di una parola o tra due vocali viene pronunciato con un suono intermedio tra "IO e "GIO". Esempio:

LEYENDO	leggendo	LEYENDO
LEYES	leggi	LEYES
REYES	re	REYES
AYER	ieri	AYER
YO	io	YO

-Suono vocalico: quando è alla fine della parola o da sola si pronuncia come la vocale "I". Esempio:

HOY oggi **HO**🥛   **ESTOY** sto **ESTO**🥛   **Y** e 🥛

Adesso prova!

YO ESTOY LEYENDO LAS LEYES DE LOS REYES DE AYER Y DE HOY
Io sto leggendo le leggi dei Re di ieri e di oggi

REGLA 7 LL

La maggior parte dei madrelingua spagnoli pronuncia la "LL" come la "Y" con il suono consonantico, quindi dal punto di vista della pronuncia è abbastanza semplice. Tuttavia, quando arriva il momento di scrivere queste parole vale lo stesso discorso che abbiamo fatto con "B" e "V": dobbiamo ricordare come viene scritta la parola e piano piano imparare se va con "LL" o con "Y". Esempio:

LLORAN	piangono	*LEY* ORAN
LLUVIA	Pioggia	*LEY* UVIA
GALLINAS	Galline	GA *LEY* INAS

Adesso prova tu!

LAS GALLINAS LLORAN CUANDO HAY LLUVIA
Le galline piangono quando c'è pioggia

REGLA 8 R

In spagnolo ci sono poche lettere doppie, è per questo che per me e per tutti gli spagnoli, le doppie italiane sono così DIFFICILI!

Una di queste lettere che può raddoppiare è la "R", oltre alla "L" (che abbiamo visto nella Regola 7) e anche la "N" e la "C" che però approfondiremo nel Libro di Imparare lo Spagnolo da Zero volume 2.

La "R" viene pronunciata come in italiano quando si trova in mezzo alla parola. Possiamo definire questa R con un suono dolce, leggero. Esempio:

PERO pero **PE R O**   **TORO** toro **TO R O**

L'unica differenza è quando la troviamo all'inizio della parola o quando troviamo la doppia "RR", in questi casi viene pronunciata "forte". Esempio:

PERRO	cane	**PE RR O**
RATÓN	topo	**RR ATÓN**
CORREN	corrono	**CO RR EN**
RÁPIDO	veloce	**RR ÁPIDO**

Adesso prova tu!

EL RATON Y EL PERRO CORREN PERO EL TORO LO HACE MAS RÁPIDO
Il topo e il cane corrono però il toro lo fa più veloce.

REGLA 9 J

La lettera "J" si pronuncia con un suono che non esiste in italiano, è un suono forte e può andare con tutte le vocali.

JA - JE - JI - JO - JU

Però anche la sillaba "GE"/ "GI" è forte, ed è identica a "JE" / "JI".
Si, hai capito bene, "JE y "GE" vengono pronunciati nello stesso modo e pure "JI" e "GI" hanno lo stesso suono.

GE=JE   GI=JI

Quindi ti chiederai come puoi sapere se una parola va con "Ge"/"Je" o "Gi"/"Ji"? Non possiamo sapere se una parola va con l'una o l'altra lettera, quello che possiamo fare è solo prestare attenzione alle parole che portano una di queste lettere e ricordarlo. Non sarà difficile, vedrai. Molte parole sono uguali in spagnolo e in italiano quindi, quasi sempre (ma non sempre) quando in italiano sono scritte con "Ge"/"Gi", lo sono anche in spagnolo come: gente o gigante. Esempio:

JUEVES	giovedì	UEVES
JARDÍN	giardino	ARDÍN
GIRASOLES	girasoli	IRASOLES
JOVEN	giovane	OVEN
RECOGE	raccoglie	RECO E

Adesso prova tu!

EL JUEVES EL JOVEN RECOGE GIRASOLES EN EL JARDÍN
Il giovedì il giovane raccoglie girasoli nel giardino

REGLA 10 SONIDO G

Il suono "G" si scrive con le vocali "A","O" y "U": "GA", "GO", "GU". È un suono dolce molto simile all'italiano. Esempio:

GANÓ vinse **G ANÓ** **GOL** gol **G OL**

GUAPO bello **G UAPO**

Per fare il suono dolce con le vocali "E" e "I", non possiamo scrivere: "GE","GI" perché abbiamo già detto in precedenza che è un suono forte (Regola 9 suono "J"), quindi per poter farlo dolce dobbiamo scrivere una "U" nel mezzo tra la "G" e le vocali "E e "I". Questa "U" è muta, non viene pronunciata. Esempio:

GUITARRA chitarra **G UITARRA**

GUERRERO guerriero **G UERRERO**

Adesso prova tu!

EL GUERRERO GUAPO MARCO UN GOL Y GANO LA GUITARRA
Il guerriero bello fece un gol e vinse la chitarra

REGLA 11 CH

Questo suono sicuro, che lo conosci già, è quello della parola **CHICO**. Può andare con tutte le vocali e viene pronunciato come le sillabe italiane "CE" o "CI".

🇮🇹	CIA	CE	CI	CIO	CIU
🇪🇸	CHA	CHE	CHI	CHO	CHU

Esempio:

MANCHA	macchia	MAN **CH** A
CHAQUETA	giacca	**CH**AQUETA
CHICA	ragazza	**CH**ICA
CHOCOLATE	cioccolato	**CH**OCOLATE

Adesso prova tu!

LA CHICA MANCHA SU CHAQUETA CON CHOCOLATE
La ragazza sporca la sua giacca con cioccolato

MODULO 2

UNIDAD 1

NOMBRE Y NACIONALIDAD

In questa unità vediamo come rispondere a due domande riguardo le " informazioni personali ".

Studiamo insieme due domande, le giuste risposte e il lessico per poter rispondere con sicurezza e fluidità.

Iniziamo con una delle domande più basiche e principali di tutte.

NOMBRE

Immagina di essere nella reception di un hotel e l'addetto alla reception vuole sapere il tuo nome:

¿CÓMO TE LLAMAS? Come ti chiami?

Ci sono 3 modi per rispondere, sono uguali all'italiano e tutti e 3 sono molto utilizzati:

-Me llamo ... Mi chiamo...

-Soy... Sono...

-Mi nombre es... Il mio nome è...

Diálogo 1:
Hola ¿cómo te llamas?
Me llamo Alberto , ¿y tú cómo te llamas?
Soy Sara, encantada de conocerte
Ciao, come ti chiami?
Mi chiamo Alberto, e tu come ti chiami?...
Sono Sara, piacere di conoscerti

E se ti chiedono:

-¿CÓMO TE APELLIDAS? "Come fai di cognome / Qual è il tuo cognome?" Hai due modi per rispondere:

Me apellido... Faccio "..." di cognome (diciamo che sarebbe un po' come se dicessimo: "mi cognomo" ...)

Mi apellido es... Il mio cognome è...

Diálogo 2:
¿Cómo te apellidas?
Me apellido Rodríguez Sánchez ¿y tú?
Qual è il tuo cognome?
Faccio Rodriguez Sanchez di cognome, e tu?

Eh sì, come forse hai notato, noi spagnoli abbiamo due cognomi, e da dove vengono fuori questi due cognomi? Beh, il primo è il primo cognome del padre, mentre il secondo è il primo cognome della madre. Ti faccio l'esempio di Rafa Nadal e Antonio Banderas.

Rafa o Rafael Nadal è un tennista molto conosciuto a livello mondiale.
¿Come si forma il suo nome e cognome?
Padre: Sebastián Nadal Homar Madre: Ana María Parera Femenías Hijo: Rafael o Rafa Nadal Parera
Rafa Nadal ha scelto il suo primo cognome per essere conosciuto come personaggio sportivo professionale.

Antonio Banderas è un attore, famoso e conosciuto per i suoi film, tra i quali, un grande classico, come "Zorro", e per aver fatto anche diverse pubblicità in Italia.
Padre: José Domínguez Prieto Madre: Ana Bandera Gallego Hijo: Antonio Domínguez Bandera.
Antonio Banderas ha scelto il suo secondo cognome come nome

artistico per essere conosciuto, oltre ad aver aggiunto una "S" finale al suo cognome.

1º EJERCICIO Rispondi alla prima domanda e traduci la seconda frase:

1. Come faresti di cognome se fossi spagnolo?

....
Apellido padre   Apellido madre

2. Ciao, sono Anna e il mio cognome è Spaggiari, e tu come ti chiami?

....

Diálogo 3:
-Yo me apellido Tassoni.
-¿Cómo se escribe?¿puedes deletrearlo?...
-Io faccio Tassoni di cognome.
-Come si scrive? Potresti fare lo spelling?

Per noi spagnoli è difficile capire bene dove vanno posizionate le doppie consonanti in italiano, come per esempio nei cognomi Tassoni, Spaggiari o Zanichelli. Per questo se ti trovi in un hotel spagnolo, sicuramente ti chiederanno di **DELETREAR** (fare lo spelling) il tuo cognome. Ti lascio qui i nomi delle lettere in modo che tu possa impararli a dovere.

Trovi la lettera, seguita dal suo suono messo per iscritto e alla fine una parola spagnola che inizia con quella lettera con il suo significato in italiano.

ABECEDARIO:

A- a	B- be	C- ce
AVIÓN – Aereo	BALLENA – Balena	COCHE - Macchina
D- de	**E- e**	**F- efe**
DADO – Dado	ELEFANTE- Elefante	FILETE - Bistecca
G- ge	**H- ache**	**I- i**
GENTE - Gente	HIJO – Figlio	ISLA - Isola
J- jota	**K- ka**	**L- ele**
JAMÓN - Prosciutto	KOALA - Koala	LECHE - Latte
M- eme	**N- ene**	**Ñ- eñe**
MARIPOSA Farfalla	NATA - Panna	ÑOÑO - Nerd
O- o	**P- pe**	**Q- qu**
OJO – Occhio	PERRO – Cane	QUÍMICA - Chimica
R- erre	**S- ese**	**T- te**
RELOJ - Orologio	SOL - Sole	TAZA -Tazza
U- u	**V- uve**	**W- uve doble**
UVAS - Uva	VELA - Candela	WIFI - Wifi
X- equis	**Y- y griega**	**Z- zeta**
XILÓFONO -Xilofono	YEMA - Tuorlo	ZORRO - Volpe

NACIONALIDAD

La seconda domanda di questa unità si usa per chiedere la nazionalità di una persona:

¿DE DÓNDE ERES? Di dove sei? Puoi rispondere:

Soy español o soy de España - Sono spagnolo o sono della Spagna.

Il significato non cambia. Ricorda non mettere mai l'articolo davanti al nome del paese! Semplice no? Infatti diciamo:"Soy de España", non diciamo: "Soy de la España"

Diálogo 4:
Hola, soy Paula y soy española¿ y tú de dónde eres?
Yo soy francesa y mi amigo es inglés.
Ciao, sono Paula e sono spagnola, e tu di dove sei?
Io sono francese e il mio amico è inglese.

Alcune nazionalità in maschile e in femminile:

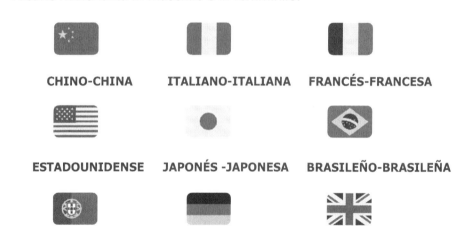

CHINO-CHINA   ITALIANO-ITALIANA   FRANCÉS-FRANCESA

ESTADOUNIDENSE   JAPONÉS -JAPONESA   BRASILEÑO-BRASILEÑA

PORTUGUÉS -PORTUGUESA   ALEMÁN-ALEMANA   INGLÉS-INGLESA

Per dire "**el alemán**" o "**la japonesa**", per esempio quando si definisce la nazionalità devi usare l'articolo determinativo. Gli articoli in spagnolo sono molto più facili che in italiano, e vi dirò un segreto, dopo diversi anni in Italia io ancora ogni tanto confondo qualche articolo in italiano perché sono, di fatto, più complicati. Ritornando agli articoli determinativi in spagnolo, ce ne sono solo quattro, eccoli qui:

	Singolare	Plurale
Maschile	**EL AUSTRALIANO**	**LOS AUSTRALIANOS**
Femminile	**LA COLOMBIANA**	**LAS COLOMBIANAS**

In spagnolo quando si scrive una frase interrogativa si inizia la domanda con un punto di domanda rovesciato "¿". Per esempio: **¿Cómo te llamas?**

Questo punto di domanda capovolto all'inizio serve a capire immediatamente che la frase che stiamo leggendo è una domanda senza dover necessariamente leggere fino alla fine della frase per capirlo.

2º EJERCICIO Rispondi a queste domande:

1. ¿Cómo te llamas?..
2. ¿Puedes deletrearlo? (scrivi il nome delle lettere)
   ....
3. ¿Cómo te apellidas?..
4. ¿Puedes deletrearlo? (scrivi il nome delle lettere)
   ....
5. ¿De dónde eres?..

3º EJERCICIO Traduci in spagnolo queste frasi:

1. Ciao, mi chiamo Carlos e il mio cognome è Ruiz. Sono spagnolo, di Barcellona.

....

....

2. Luis Alvarez non è tedesco però lui abita a Madrid.

....

....

3. Lei vive in Italia però è francese

....

*Alcune parole ancora non le abbiamo studiate, lo so, però provaci lo stesso. Se proprio non lo sai o vuoi sapere se hai eseguito correttamente l'esercizio, puoi andare alla fine del libro e vedere le soluzioni.

UNIDAD 2

PRONOMBRES PERSONALES, VERBOS REGULARES Y VERBO IRREGULAR SER

In questa lezione vedremo un po' di grammatica, non avere paura, sarà facile e indolore, ma è necessario sapere un po' di grammatica per poter imparare correttamente la lingua; quindi, iniziamo con alcune cose semplici.

LOS PRONOMBRES PERSONALES

	SINGULAR	PLURAL	
1º PERSONA	**YO** (io)	**NOSOTROS**	(noi masc.)
		NOSOTRAS	(noi femm.)
2º PERSONA	**TÚ** (tu)	**VOSOTROS**	(voi masc.)
		VOSOTRAS	(voi femm.)
3º PERSONA	**ÉL** (lui)	**ELLOS**	(loro masc.)
	ELLA (lei)	**ELLAS**	(loro femm.)
	USTED (Lei forma di cortesia)	**USTEDES**	(Voi forma di cortesia)

A differenza dell'Italiano, noi abbiamo anche la forma femminile per le persone del plurale: **NOSOTRAS, VOSOTRAS** e **ELLAS**
Per parlare con qualcuno in modo informale usiamo **TÚ** in forma singolare e **VOSOTROS** in forma plurale.

Per parlare in maniera formale usiamo le formule di rispetto e di cortesia **USTED** al singolare e **USTEDES** al plurale, sì, siamo stati geniali, abbiamo inventato USTEDES apposta per differenziare il plurale formale.

Tu: - Quindi vediamo se ho capito bene Paula, se io parlo con il cameriere di un ristorante uso USTED però se ci sono due camerieri devo usare USTEDES? Fammi un esempio, per favore!
Io: - Si esatto, noi con la maniera formale al plurale non usiamo VOSOTROS usiamo USTEDES. Esempio:

Diálogo 1:
Lei è un cameriere molto gentile, grazie per lo sconto

Sbagliato:

"Ella es un camarero muy amable, gracias por el descuento"

Corretto:

Usted es un camarero muy amable, gracias por el descuento

Diálogo 2:
Voi siete dei camerieri molto gentili, grazie per lo sconto

Sbagliato:

"Vosotros sois unos camareros muy amables, gracias por el descuento"

Corretto:

Ustedes son unos camareros muy amables, gracias por el descuento

VERBOS REGULARES

Alla fine di questa lezione sarai capace di comporre piccole frasi in tempo presente. Vedrai come sarà divertente!
I verbi in Spagnolo come in Italiano si dividono in 3 coniugazioni: verbi che finiscono in -ar, -er o -ir.

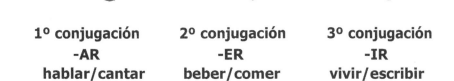

1º conjugación	2º conjugación	3º conjugación
-AR	-ER	-IR
hablar/cantar	beber/comer	vivir/escribir

Adesso vediamo come coniugare i verbi con i pronomi personali.

Se impari come coniugare questi verbi, potrai farlo con tutti i verbi in tempo presente tu da solo!

Pronombres Personales	HABLAR	COMER	ESCRIBIR
YO	hablo	como	escribo
TÚ	hablas	comes	escribes
EL/ELLA/USTED	habla	come	escribe
NOSOTROS/AS	hablamos	comemos	escribimos
VOSOTROS/AS	habláis	coméis	escribís
ELLOS/ELLAS/USTEDES	hablan	comen	escriben

4ºEJERCICIO: Sostituisci questi nomi con il pronome personale corrispondente:

Esempio: Alfonsa y Elena viven en Madrid
          ELLAS viven en Madrid.
1: Esteban es un chico muy simpático.

.... es un chico muy simpático.

2: Rebeca y yo somos muy buenas amigas.

...................................somos muy buenas amigas.

3 : Marcos y Noelia son hermanos.

.............................son hermanos.

4 : Carla, Álvaro y tú sois españoles pero vivís en Dubai.

.... sois españoles pero vivís en Dubai.

5º EJERCICIO Coniuga i verbi in base alla persona come nell'esempio:
-tú (comer) *comes* un plato de paella en el restaurante.
-Nosotros (hablar) *hablamos* español y francés
-Ellos (escribir) *escriben* muy rapido

1) Yo (hablar)............................italiano y alemán.

2) Luis (llevar)..........................en coche a la discoteca.

3) Nosotras (escuchar).......................musica   pop.

4) Rubén y Clara (vivir)..................lejos de la playa.

5) Tú (beber).....................un poco de agua con gas.

6) Ana (decidir)............dónde va de vacaciones el año próximo.

7) Vosotros (aprender)............español con este libro.

8) Ustedes (subir)..................en ascensor todos los días.

Come in italiano quando decliniamo un verbo in spagnolo, la persona è già inclusa; quindi, possiamo anche omettere il pronome personale. Esempio: **cantas muy bien** (si sottintende che la persona sia "TU" - seconda singolare).

VERBO SER

Ora vediamo insieme il verbo **SER** che in italiano corrisponde al verbo ESSERE però non sempre ha lo stesso significato tra le due lingue. Lo vedremo nelle prossime lezioni. È il primo verbo irregolare che impariamo ed è **EL MÁS IMPORTANTE DE TODOS**.

VERBO SER

yo	**SOY**	
tú	**ERES**	USI DEL VERBO SER
él, ella, usted	**ES**	1-Per dire il nome Ej. **Tú eres Jaime** Tu sei Jaime
nosotros/as	**SOMOS**	2-Per dire la nazionalità Ej. **Somos ingleses** Siamo inglesi
vosotros/as	**SOIS**	3-Per dire la professione:
Ellos/ellas/ ustedes	**SON**	Ej. **Son doctores** Sono dottori

6º EJERCICIO Scegli l'opzione corretta:

1) Tú no sois/eres español.

2) Nosotros somos/son médicos.

3) -¿Usted eres/es el señor Perez?

   -No, yo soy/es el señor Montero.

4) ¿De dónde son/sois ellas?

5) Vosotros eres/sois chinos.

UNIDAD 3

SALUDOS Y DESPEDIDAS, ENCANTADO
Hola, buenos días, buenas tardes o buenas noches. Adiós.
Hai indovinato! In questa lezione imparerai a salutare. **ATENCIÓN**: Non è la stessa cosa **SALUDARSE** che **DESPEDIRSE**. Vediamolo insieme.

SALUDOS
Quando arrivi in un posto:

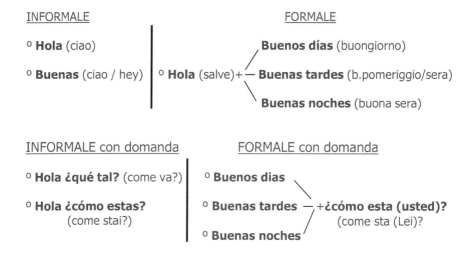

Risposte adatte sia a contesti formali che informali:

DESPEDIDAS

Quando te ne vai da un posto:

INFORMALE / FORMALE

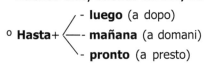

- **Adiós** (ciao/arrivederci)
- **Buenos días, buenas tardes/noches**
- **Hasta+**
  - **luego** (a dopo)
  - **mañana** (a domani)
  - **pronto** (a presto)

Quando arrivi in un posto saluti, normalmente si dice **hola**, come in italiano, sarebbe un saluto informale. Ricorda dire "hola" solo quando arrivi in un posto e non quando te ne vai. Inoltre, possiamo usare anche **buenas** o **hola ¿qué tal?** come saluti informali. I saluti di questo tipo si usano principalmente con familiari e amici.

Tuttavia, quando saluti, ad esempio, un superiore/capo o una persona che non conosci, usiamo i saluti formali e in questo caso è meglio dire **hola** seguito da: **buenos días / buenas tardes o buenas noches.**

- buenos días: lo usiamo da quando ci alziamo fino all'ora di pranzo.
- buenas tardes: dall'ora di pranzo fino all'ora di cena.
- buenas noches: dall'ora di cena fino al momento di andare a dormire.

Buenas noches lo usiamo anche quando andiamo letteralmente a letto a dormire. Infatti, corrisponde in italiano a Buona notte.

Quando te ne vai da un posto, **TE DESPIDES**. Non ci sono diverse "despedidas" in contesto formale e informale.
Usiamo lo stesso modo sia con amici che con persone a cui serve parlare in forma di più rispetto formale.

ENCANTADO, MUCHO GUSTO

Quando conosciamo una persona per la prima volta usiamo le parole ENCANTADA/ ENCANTADO o MUCHO GUSTO.
"Encantado" non vuol dire incantato, ma vuol dire: piace di conoscerti.

Diálogo 1:
Hola , buenos días, me llamo Paula, encantada
¿y tú cómo te llamas?
Hola, mi nombre es Cristina,
mucho gusto.

Ciao, buongiorno, mi chiamo Paula,
piacere, e tu, come ti chiami?
Ciao, il mio nome è Cristina, molto piacere.

7º EJERCICIO Traduci queste frasi in spagnolo:

1) Buongiorno, mi chiamo Francisca, piacere. Come ti chiami?..

2) Ciao Francisca, io sono Alberto, piacere mio.
....

3) Di dove sei Alberto?..

4) Sono tedesco pero vivo a Madrid
....

5) A presto Alberto ....

QUIZ EJERCIOS UNIDAD 1 -3

Alla fine di ogni modulo troverai 11 esercizi di ripasso con i quali potrai metterti alla prova. Ricordati che alla fine del libro ci sono sempre le soluzioni qualora volessi autocorreggerti.

1. Completa le frasi coniugando il verbo tra parentesi in presente.

1. Yo (apellidar) me ....García Pérez
2. Nosotros no (vivir).................... en esta ciudad.
3. ¿Tú (ser) ....de Salamanca?
4. Ellos (estudiar)............................Filología.
5. Tu madre (cantar)............................... muy bien.
6. Usted (trabajar)............................... en una escuela.
7. ¿Vosotros (escribir)............................para un periódico?
8. ¿ Ellos (cenar) .... a las 20:00 de la tarde?

2. Completa con la persona corretta del verbo SER.

eres -somos - soy - es - sois - es

1. Mi hermana ....dramaturga.
2. Nosotros .... rusos, de San Petersburgo.
3. ¿Vosotros ....novios?
4. Yo ....estudiante. Estudio Derecho.
5. ¿Usted............el señor López?
6. Tú..........mejor estudiante.

3. Completa le frasi con il pronome personale corrispondente.

1. .... no trabajas en esta ciudad.
2. Montserrat y .... hoy empezamos a estudiar inglés.
3. .... nos llamamos Raquel y Manuel.
4. Chicas, ... vivís en esta ciudad, ¿no?
5. Perdone, ¿es .... el doctor Ramirez?
6. .... dos trabajamos aquí desde enero.
7. .... es profesora de historia.
8. ¿Son .... los señores Rodriguez?

4. Rispondi alle domande, in spagnolo.

1. ¿Qué dices para preguntar la nacionalidad a una chica?
   ....
2. ¿Cómo saludas a tu jefe?
   ....
3. ¿Cómo te despides de tu madre?
   ....
4. ¿Cómo te presentas a un desconocido?
   ....
5. ¿Cómo dices tu nacionalidad?
   ....
6. ¿Cómo te despides de tus compañeros de trabajo?
   ....

5. Scrivi l'interrogativo corretto e rispondi:

1. ¿...............te llamas?...........................
2. ¿De....................eres?...............................
3. ¿..................se llama tu amigo?.................
4. ¿..................se apellida tu abuelo(nonno)?...........
5. ¿.................. se llama tu padre?......................
6. ¿De....................es Shakira?............................
7. ¿.................. se apellida tu madre?................
8. ¿De....................son los tacos?.........................

6. Ordina la seguente conversazione:

Orden: 1- f   2-..... 3-..... 4-..... 5-.... 6-.....

a) Buenos días señora García. Mire, este es el señor Ramirez.

b) Si me acompaña, le presento a los demás.

c) Gracias, porque no conozco a nadie.

d) Sí. Encantado de conocerla.

e) Mucho gusto señor Ramirez. Usted es el nuevo jefe, ¿verdad?

f) Hola, buenos días Anselmo.

7. Ordina le parole di queste frasi:

1. hasta Adiós mañana. Raquel,

....

2.lunes. el Manuel Hasta próximo

....

3.tal? ¿qué Hola chicas,

....

4.que Nos viene. el mes vemos

....

5.Encantado Hola. de conocerte.

....

6.días. Hola, ¿Cómo buenos está?

....

7.fin buen de el martes semana. y Hasta

....

8.días Buenas señor López. ¿Cómo está?

....

8. Scrivi l'articolo determinativo corrispondente

(m=masculino /f= femenino):

1......... reloj (m)	9....... gorra (f)
2......... piscina (f)	10 ....música(f)
3.......... camisas (f)	11 ....chaqueta(f)
4......... gimnasio (m)	12.....deporte invernal (m)
5......... viajes (m)	13.......... camiseta (f)
6......... pantalones (m)	14 ....excursiones (f)
7.......... natación (f)	15 ....vestidos(m)
8......... minifalda (f)	16......... obra de teatro(f)

9. Scegli l'opzione corretta.

1. Las nuevas vecinas son inglesas / ingleses, pero hablan español muy bien.
2. Su compañera de clase es japonés / japonesa y está estudiando aquí.
3. Ellas son dos enfermeras estadounidensas / estadounidenses que trabajan en esta clínica privada.
4. Almudena Grandes fue una escritora español / española muy importante.
5. Tú eres un representante alemán / alemano de la embajada de Berlín.
6. Todos somos portugueses / portuguesos aunque algunos no vivimos en Portugal.
7. Algunas de las ciudades más altas del mundo son chinos / chinas.
8. El Karate es un deporte japonesa / japones muy interesante.

10. "Deletrea" le seguenti parole come nell'esempio:

0. AMIGAS: a - eme - i - ge -a – s

1. JAMÓN:..
2. AMARILLO:...
3. CARPETA:..
4. CARAMELO:...
5. CHOCOLATE:...
6. COMIDA:..
7. PESCADO:...

8.BOTELLA: ....

9.PERRITO: ....

11.Prova a scrivere un breve testo sulla tua "información personal" e anche su quella di un amico. Questo ti aiuterà a migliorare la tua abilità di scrittura, che credimi, serve molto per memorizzare quello che stai imparando.

Ti do una scaletta da provare a seguire per scriverlo. Prova quindi a fare:
1) Un SALUDO iniziale
2) Aggiungere qualche dato su di te: NOMBRE, APELLIDO y NACIONALIDAD. Esempio: yo me llamo o soy...
3) E poi continuare con la presentazione del tuo amico: NOMBRE, APELLIDO y NACIONALIDAD. Esempio: mi amigo es...
4) Infine, chiudere con una DESPEDIDA.

....
....
....
....
....
....
....
....
....

MODULO 3

UNIDAD 4

RESIDENCIA Y TRABAJO

Sappiamo già dire tante cose, ma sappiamo anche chiederle? Le domande sono importanti!

Vediamo quindi le domande e le risposte di informazioni personali. La struttura delle domande in spagnolo è uguale a quella italiana, pertanto, devi solo imparare i pronomi interrogativi e poi fare domande diventerà una passeggiata.

Te li elenco qui:

Cómo – Come

Dónde – Dove

Cuándo – Quando

Cuál – Quale

Cuánto/a/os/as - Quanto/a/i/e

Quién/quiéne – Chi

Por qué - Perché

Qué - Che/Cosa

Conosci **CÓMO**, perchè lo abbiamo già visto. Si usa come in italiano: **¿cómo estás?**

RESIDENCIA

Le due domande che impariamo in questa lezione iniziano con il pronome interrogativo **DÓNDE**. Questo pronome interrogativo serve per chiedere informazioni sul luogo.

¿DÓNDE VIVES? – Dove abiti?

In spagnolo quando rispondiamo a questa domanda usiamo sempre la preposizione **EN** che sia per:

país – nazione   **ciudad** – città   **pueblo** – paese

ATENCIÓN: Pueblo e País non sono la stessa cosa. Anche se in italiano si usa la parola "paese" per elencare sia una nazione, come l'Italia, sia un paese di una collina o di un borgo, in spagnolo invece non abbiamo questa similitudine. Dobbiamo usare parole diverse.

Diálogo 1:
¿Dónde vives?
Vivo en Madrid, ¿y tú?
Vivo en Milán, exactamente en Vernate
Dove vivi?
Vivo a Madrid, e tu?
Vivo a Milano, precisamente a Vernate

Con la domanda ¿**dónde vives**? possono anche chiedermi il mio indirizzo di domicilio ("**dirección**" significa "direzione", però vuol dire anche "indirizzo"). Immagina che nel lavoro un nuovo collega ti chieda: ¿dónde vives? sicuramente non si riferirebbe alla nazione o alla città, ma si riferirebbe al quartiere della città o alla via. Di fatto potrebbe anche chiederti: ¿**e qué calle vives**? Per rispondere a questa domanda devi conoscere queste seguenti parole:

CALLE - via   **PLAZA** - piazza   **AVENIDA** - viale

In buona parte della Spagna nei citofoni (**telefonillos**) degli edifici non appaiono i cognomi dei residenti. Solo appare il numero di piano e di appartamento.
Nell'indirizzo si indica il numero di piano (**piso o planta**) con

una lettera in ordine alfabetico per indicare la porta. (Se non fosse in ordine alfabetico potresti trovare la divisione sinistra (**izquierda**) e destra (**derecha**).

Diálogo 2:
- ¿Dónde vives?
-Vivo en la Avenida del Mediterráneo número 8, 5º derecha¿y tú?
-Yo vivo muy cerca de allí, vivo en la Calle de Alcalá 58, 11 ºC
- Abito in Avenida del Mediterraneo 8, 5 destra e tu?
- Io vivo lì vicino, in Calle de Alcalá 58, 11C

1º EJERCICIO Traduci questa frase in spagnolo:
Mi chiamo Claudia, sono giapponese, vivo in un paese della Toscana, in via Alleanza 9.

....
....
....

TRABAJO

La seconda domanda di oggi è: **¿DÓNDE TRABAJAS?** Dove lavori? Per rispondere in generale a questa domanda possiamo dire:

Diálogo 3:
-¿Dónde trabajas?
-Trabajo en Zara, soy dependienta ¿y tú?
-Yo trabajo en Ferrari, soy mecánico
-Dove lavori?
-Lavoro da Zara, sono una commessa, e tu?
-Yo lavoro da Ferrari, sono un meccanico

Se vuoi approfondire la risposta e dire di cosa ti occupi, ti ho preparato di seguito alcune professioni in modo che tu possa conoscerle, se la tua non c'è, perdonami, se vuoi scrivimi di cosa ti occupi o il tuo lavoro, ti dirò come dirlo correttamente in spagnolo con molto piacere!

ARQUITECTO   **PILOTO**   **COCINERO**   **BOMBERO**
Architetto   Pilota   Cuoco   Vigile del fuoco

SECRETARIA   **MÚSICO**   **VETERINARIA**   **CARPINTERO**
Segretaria   Musicista   Veterinaria   Falegname

FONTANERO   **JUEZA**   **PERIODISTA**   **FOTÓGRAFO**
Idraulico   Giudice   Giornalista   Fotografo

POLICÍA   **DOCTORA**   **QUÍMICA**   **CAJERA**
Poliziotto   Dottoressa   Chimica   Cassiera

2º EJERCICIO Completa le frasi con le professioni/lavori (se ci sono parole che non conosci puoi aiutarti con il dizionario:

1) El......................trabaja cortando el pelo a los clientes

2) El............................apaga el fuego

3) El...........................detiene a los ladrones.

4) La........................informa de las noticias del mundo.

5) La...........................cura a los animales.

6) La.............................ejecuta sentencias.

7) El.............................prepara platos muy buenos.

UNIDAD 5

MASCULINO/FEMENINO - SINGULAR/PLURAL

Hola ¿qué tal estás? ti sta piacendo il libro e il mio metodo per imparare lo spagnolo? Spero che tu ti stia divertendo tanto quanto l'ho fatto io a scriverlo per te. In questa lezione continuiamo con un po' di grammatica.

Sicuramente avrai visto o sentito una di queste parole:

Mujer – donna   **Hombre** - uomo
Chica – ragazza   **Chico** - ragazzo

MASCULINO/FEMENINO

I sostantivi in spagnolo possono essere maschili o femminili come in italiano. Normalmente quando una parola finisce in O o E è maschile e quando una parola finisce in A è femminile.

    -o/-e masculino   -a femenino
El libro - Il libro   **La casa** - la casa
El pie - Il piede   **La plaza** - la piazza

Le parole che si riferiscono a persone o animali cambiano di genere, ovvero hanno la forma maschile e femminile. Per fare la forma femminile dei nomi maschili abbiamo due regole semplici. Se la parola finisce in:

(REGOLA 1)	(REGOLA 2)
"O" e "E" si cambiano in "A" **O/E – A**	"CONSONANTE" si aggiunge A **CONSONANTE+A**
Esempio: **EL GATO = LA GATA** Il gatto = la gatta **EL CLIENTE = LA CLIENTA** Il cliente = la cliente	Esempio: **EL LEÓN = LA LEONA** Il leone = la leonessa **EL DOCTOR = LA DOCTORA** Il dottore = la dottoressa

3º EJERCICIO Scrivi il femminile di queste parole:

1 Director: .... 6 Juez: ....

2 Tío: .... 7 Alemán: ....

3 Profesor: .... 8 Jefe: ....

4 Vecino: .... 9 Señor: ....

5 Traductor: .... 10 Compañero: ....

Altre regole:

I nomi che finiscono in **-ANTE** o **-ISTA** non cambiano di genere, sono invariabili, hanno la stessa forma per il maschile e il femminile, come per esempio:

El deportista / la deportista **El cantante / la cantante**
Lo sportivo / la sportiva   Il cantante/ la cantante

In alcune occasioni si usano due parole diverse per il maschile e il femminile:

El hombre / la mujer   **El padre / la madre**   **El rey / la reina**
L'uomo / la donna   Il padre / la madre   Il re / la regina

4ºEJERCICIO Passa il sostantivo e l'aggettivo dal maschile al femminile. Esempio:

Es un pianista conocido: Es una pianista conocida

1) Es un chaval simpático:
   ....
2) Es un cantante muy bueno:
   ....
3) Es un profesor americano:
   ....
4) Es un padre estricto:
   ....
5) Es un estudiante sensato:
   ....

Non tutte le parole che finiscono in "O" sono maschili né tutte le parole che finiscono in "A" sono femminili. Ci sono eccezioni, parole che finiscono in:

- "A" però sono maschili	- "O" però sono femminili
El día Il giorno	**La mano** La mano
El mapa* La mappa	**La foto** La foto
El idioma* La lingua	**La moto** La moto
El problema Il problema	**La radio** La radio

 Non possiamo pensare in italiano perché succede che alcuni nomi in italiano sono femminili e in spagnolo sono maschili o viceversa.

Questi sono solo alcuni esempi, per memorizzarli dovrai fare della pratica:

-O maschile   -A femminile

El banco / la banca   **La mesa** / il tavolo
El desayuno / la colazione **La sal** / il sale
El verano / l'estate   **La almohada** / il cuscino
El bolígrafo / la biro   **La cuenta** / il conto
El miedo / la paura   **La sonrisa** / il sorriso

*Anche **El mapa** e **El idioma** come hai visto sono parole che in spagnolo sono al maschile e in italiano sono al femminile.

Se vuoi approfondire questo argomento puoi continuare ad imparare con il libro IMPARARE LO SPAGNOLO DA ZERO livello 2.

SINGULAR/PLURAL
Lo so, dimmi la verità, credevi che per parlare spagnolo bastasse aggiungere la "S" alla fine della parola, purtroppo devo dirti che non sempre è così, però oggi vedrai come, invece, a volte, si può fare.

Per formare il plurale di una parola dobbiamo seguire alcune regole. Se la parola finisce in:

REGLA 1
VOCALE aggiungiamo -S
VOCAL + S
Esempio:
EL CHICO = LOS CHICOS - Il ragazzo = i ragazzi
LA ROSA = LAS ROSAS - La rosa = le rose

REGLA 2
CONSONANTE aggiungiamo -ES
CONSONANTE+ES
Esempio:

EL ALEMÁN = LOS ALEMANES - Il tedesco = i tedeschi
LA CANCIÓN = LAS CANCIONES - La canzone = le canzoni

REGLA 3
Z cambiamo la Z in -CES
Z - CES
Esempio:
EL LÁPIZ = LOS LÁPICES - La biro = le biro
LA LUZ = LAS LUCES - La luce = le luci

Presta attenzione, non vorrai fare una figuraccia vero? Non aggiungere la "S" quando non devi farlo perché alcuni sostantivi cambiano il loro significato da singolare a plurale:

El celo - Los celos	Il nastro adesivo - La gelosia
El padre – Los padres	Il padre - I genitori
El bien - Los bienes	Il bene - I beni di proprietà
La esposa - Las esposa	La sposa / Le manette

5º EJERCICIO Passa dal singolare al plurale

1) La ciudad:...................... 6) El café:..........................
2) El reloj:......................... 7) El color:........................
3) La paz:......................... 8) La mamá:......................
4) La mano:...................... 9) El país:........................
5) El champú:................... 10) El disfraz:....................

UNIDAD 6

CLIMA, FÓRMULAS DE CORTESÍA Y DÍAS DE LA SEMANA

Ed eccoci a una nuova lezione insieme! Vediamo frasi utili che ci aiutano nel nostro quotidiano.

CLIMA

Parliamo del clima in città. Per farlo, usiamo il verbo **HACER**, è un nuovo verbo che ancora non conosci, significa FARE.

Hace calor fa caldo/c'è caldo   **Hace frío** fa freddo/c'è freddo

Hace sol c'è il sole   **Hace viento** c'è vento

Possiamo usare "**MUCHO**" con i sostantivi che ti ho appena detto, lo diciamo per enfatizzare il concetto.

⚠️ **ATENCIÓN: NON SI DICE**: Hace ~~MUY~~ calor
　　　　　SI DICE : **Hace MUCHO calor**

E inoltre possiamo usare il verbo HACER per dare una opinione del tempo:
   -**Hace buen día o hace mal día**
   c'è una bella giornata o c'è una brutta giornata

   -**Hace un tiempo estupendo o hace un tiempo horrible**
   c'è un tempo stupendo o c'è un tempo orribile.

FÓRMULAS DE CORTESÍA

Vediamo anche alcune forme di espressione di cortesia che possono esserti utili:
   º**Por favor**: Lo usiamo per fare una richiesta. La posizione di "POR FAVOR" in spagnolo è come in italiano, può andare

all'inizio o alla fine della frase. Esempio:

-Por favor, ¿me das ese cuaderno de español? / Creéme. Te lo pido por favor.

Per favore, mi dai quel quaderno di spagnolo? / Credimi. Te lo chiedo per favore.

º**Gracias**: Si usa per ringraziar qualcosa. **De nada**: Lo usiamo per rispondere a GRACIAS. E' una forma di dire PREGO/DI NIENTE in italiano. Esempio:

- Gracias por esta maravillosa cena. - De nada
- Grazie per questa cena meravigliosa -Di niente/Prego.

º**Vale:** è una forma espressiva molto usata per dire OK o VA BENE Esempio:

- ¿Nos vemos mañana a las 17:30? - Vale, hasta mañana
- Ci vediamo domani alle 17.30?   - Va bene, a domani

DÍAS DE LA SEMANA
Questi sono i 7 giorni della settimana in spagnolo

Tutti i giorni della settimana sono maschili, sì, proprio tutti, anche la domenica, e per quello mettiamo l'articolo **EL** quando è singolare e **LOS** quando la frase è plurale. Dal lunedì al venerdì finiscono già con una "S" e quindi non cambiano, rimangono invariabili dal singolare al plurale. Sabato edomenica invece si aggiunge una "S" quando sono al plurale.

Il weekend in spagnolo si dice: **fin de semana.**

Esempi:

a) El lunes tengo un examen de español

Lunedì ho un esame di spagnolo

b) Todos los lunes ceno pizza

Tutti i lunedì ceno pizza

c) El domingo tengo un concierto de ECDL

Domenica ho un concerto di ECDL

d) Los domingos peino a mi perro

Le domeniche pettino il mio cane

6º EJERCICIO: Traduci in spagnolo

1) I venerdì c'è molto caldo
   ....
2) Oggi c'è un tempo orribile!
   ....
3) Questo fine settimana c'è un bel tempo
   ....
4) Per favore, come ti chiami?
   ....
5) - L'orologio è stupendo! - Grazie - Di niente!
   ....
6) Oggi: martedì - Domani: mercoledì - Ieri: lunedì.
   ....

QUIZ EJERCIOS UNIDAD 4 -6

Alla fine di ogni modulo troverai 11 esercizi di ripasso con i quali potrai metterti alla prova. Ricordati che alla fine del libro ci sono sempre le soluzioni qualora volessi auto correggerti.

1. Scegli la forma interrogativa e completa la frase.
QUIÉN- CUÁNTOS - QUÉ - CÓMO - DÓNDE - POR QUÉ

1. ¿Sabes……………estudiantes de español hay en clase?
2. ¿……….vives, cerca del colegio?
3. ¿…………es el profesor de francés?
4. ¿………….hora es? Tengo que coger el autobús
5. ¿……………..te apellidas?
6. ¿………………corres? Tengo prisa

2. Coniuga il verbo che trovi tra parentesi in Presente.

1. Nosotros (escuchar)…………………a la profesora en silencio.
2. ¿Tú (escribir) ………………….un diario por las noches?
3. Yo (comprar) …………………….esta revista para mi abuelo.
4. Ana (vender)…………………….las camisetas que no se pone.
5. Mi padre (leer)…………………..el periódico todos los días.
6. Ellos (usar)……………….mucho el diccionario para traducir.
7. ¿Usted (llamar) ………………… a los clientes por teléfono?
8. ¿Vosotros (recibir) ……………correos electrónicos todos los días?

3. Scegli l'opzione corretta

1. El fontanero / veterinario / arquitecto cuida de mi perro cuando está enfermo.
2. La química / policía / profesora es muy simpática, me gustan mucho sus clases.
3. Las médicas / cocineras / periodistas escriben artículos para contar las noticias del día.
4. El fotógrafo / juez / carpintero hace fotos artísticas y las publica en su blog.
5. El camarero / músico / enfermero hace conciertos todos los veranos.
6. La pilota / química / jueza ama volar, le encanta su trabajo.

4. Indovina i giorni della settimana:

1. Antes del martes está el..
2. ¿Qué día de la semana es hoy?..
3. ¿Qué día es pasado mañana?...
4. ¿Qué día no trabajas?...
5. ¿Cuál es tu día de la semana preferido?................................
6. ¿Cuál es el tercer día de la semana?.....................................

5. Trasforma al femminile o al maschile le frasi:

1. Mi padre es profesor y mi tío cocinero.
....

2. Ella es una cantante española muy famosa.
....

3. El juez es muy serio pero un gran trabajador.
....

4. El hombre de mi prima es el veterinario de mi gato.
....

5. La camarera de este bar es muy antipática con los clientes.
....

6. Mi hermana es médica y mi prima quiere ser enfermera.
....

6. Scrivi in plurale o in singolare le seguenti frasi:

1. Tengo un gato marrón y blanco.
....

2. Mi vecina es inteligente y trabajadora.
....

3. Las chicas de clase son muy atentas y estudiosas.
....

4. Mi hermano es muy simpático y alegre.
....

5. Nosotras somos muy exigentes con el trabajo.
....

6. Mi hermana tiene un perro y una tortuga.
....

7. Metti il pronome personale:

1............ cantamos   2......... caminas   3............contestáis
4 .... cenan   5.........lleva   6...........corren
7............comparto   8..........cree   9 ....rompo
10 leéis

8. Leggi queste frasi e prova a dire se sono vere o false:

10º   -11   8º   35º   9º   7º
París   Londres   Madrid   Roma   Atenas   Dublín

1. En París hace viento y frío   V / F
2. En Londres llueve y hace mucho calor   V/F
3. En Madrid hace sol con nubes y hace calor V/F
4. En Roma no hace viento y hace sol V/F
5. En Atenas hace viento y mucho frío   V/F
6. En Dublín no llueve y hace mucho calor V/F

9. Rispondi a queste domande:

1. ¿Dónde vives?..
2. ¿De dónde eres?..
3. ¿Cuál es tu dirección?..
4. ¿Vives cerca de tu trabajo?..................................
5. ¿Dónde trabajas?..

10. Traduci queste frasi:

1. -Ciao Raquel, ti presento Beatriz, è la mia amica spagnola.
   - Piacere, io sono Raquel.
   ....
   ....

2. Quanti anni ha tua sorella? È molto giovane.
   ....

3. In questa città fa molto freddo, non mi piace.
   ....

4. - Dove abitate? Vicino al lavoro? - Io abito a Modena.
   ....

5. Io sono insegnante e mia cugina è cantante.
   ....

6. Di dove sei? – Sono italiana di Milano.
   ....

11. Prova a scrivere un breve testo sulla tua "información personal". Questo ti aiuterà a migliorare la tua abilità di scrittura. So che può sembrarti faticoso ma dopo ne trarrai un grande risultato, dai dai!

Ti do una scaletta di argomenti che dovrebbero far parte del tuo testo. Prova a scrivere qualcosa su tutti questi argomenti che ti metto, vamos:

- RESIDENCIA   (Yo vivo en...)
- TRABAJO/PROFESION   (Soy...)
- DÍAS DE LA SEMANA EN LOS QUE TRABAJAS Y NO (Trabajo los... / no trabajo los...)
- EL TIEMPO QUE HACE EN TU CIUDAD ESTOS DÍAS (Estos días en mi ciudad hace ...)

....
....
....
....
....
....
....
....
....
....
....
....
....
....

MODULO 4

UNIDAD 7

EDAD/ CUMPLEAÑOS /CONTACTO

Com'è possibile che siamo già alla metà del libro e ancora non hai imparato i numeri? Finalmente è arrivato il momento. Però, prima di studiarli, guardiamo insieme il pronome interrogativo **CUÁNTO**.

Serve per chiedere informazione sulla quantità. Esattamente come in italiano questo pronome cambia nel genere e nei numeri.

¿Cuánto cuesta este imán? Quanto costa questa calamita?
¿Cuántas chicas hay en la mesa? Quante ragazze ci sono al tavolo?

EDAD - Età
¿CUÁNTOS AÑOS TIENES? Quanti anni hai?

È la forma più comune per chiedere l'età, ricordati che questa domanda ha tre parole che finiscono con la "**S**". Lo dico perché normalmente gli italiani si dimenticano sempre almeno una di queste "S". Per rispondere è molto semplice, solo devi mettere il verbo in prima persona **YO TENGO** (Io ho) e dopo dire l'età. Il resto della coniugazione del verbo la vedrai nella prossima lezione.

Diálogo 1:
-¿Cuántos años tienes?
-Tengo 33 años, ¿y tú?
-**Yo soy más joven que tú, tengo 25**

-Quanti anni hai?
- Ho 33 anni, e tu?
- Io sono più giovane di te, ne ho 25

Per rispondere alla domanda che abbiamo appena visto, per capire il prezzo di un souvenir in un negozio del centro di Valencia o per dare il tuo numero di telefono al bel ragazzo (o alla bella ragazza) che hai appena conosciuto a Ibiza avrai bisogno di imparare i numeri. Vediamo innanzitutto i numeri da 1 a 10:

1 UNO	6 SEIS
2 DOS	7 SIETE
3 TRES	8 OCHO
4 CUATRO	9 NUEVE
5 CINCO	10 DIEZ

Adesso vediamo i numeri dal 11 al 29:

11 ONCE	21 VEINTIUNO
12 DOCE	22 VEINTIDÓS
13 TRECE	23 VEINTITRÉS
14 CATORCE	24 VEINTICUATRO
15 QUINCE	25 VEINTICINCO
16 DIECISÉIS	26 VEINTISÉIS
17 DIECISIETE	27 VEINTISIETE
18 DIECIOCHO	28 VEINTIOCHO
19 DIECINUEVE	29 VEINTINUEVE
20 VEINTE	

Infine, i numeri dal 30 al 100. Eccoti le decine:

30 TREINTA	70 SETENTA
40 CUARENTA	80 OCHENTA
50 CINCUENTA	90 NOVENTA
60 SESENTA	100 CIEN

Per formare i numeri dal 30 al 99 si usa la decina + **Y** + i numeri dall' 1 al 9. Esempio:

   45 - **cuarenta y cinco**   36 - **treinta y seis**
   78 - **setenta y ocho**   53 - **cincuenta y tres**
   91 - **noventa y uno**   82 - **ochenta y dos**

1º EJERCICIO Scrivi questi numeri per esteso in lettere:

-11..

-56..

-28..

-81..

-42..

-67..

-95..

-39..

-73..

-15..

CUMPLEAÑOS - Compleanno

Il pronome interrogativo **CUÁNDO** significa Quando, facile vero? Se dobbiamo rispondere alla domanda **¿CUÁNDO ES TU CUMPLEAÑOS?** abbiamo bisogno di conoscere prima di tutto i mesi dell'anno.

Diálogo 2:
-¿Cuándo es tu cumpleaños?
-Es el 14 de septiembre
-¡Ah, qué suerte, es verano todavía!
-Quando è il tuo compleanno?
-È il 14 settembre
-Ah, che fortuna, è ancora estate!

Eccoli qui:

RICORDA: quando diciamo una data dobbiamo mettere l'articolo **EL** sempre prima del giorno.
La cita es el 3 de diciembre - L'appuntamento è il 3 di dic.
Cumpleaños è invariabile, si scrive cosi sia al singolare che al plurale.
Esempio:

Mi cumpleaños es dentro de poco
Il mio compleanno è tra poco
Vuestros cumpleaños son en otoño
I vostri compleanni sono in autunno

Come bonus ti scrivo qui le stagioni dell'anno:
PRIMAVERA Primavera **VERANO** Estate
OTOÑO Autunno **INVIERNO** Inverno

CONTACTO
Ricapitolando ora che sai già dire il nome, cognome, nazionalità, indirizzo, età, compleanni e professioni forse non vorrai perdere il contatto di quella persona che avevi conosciuto in vacanza in

quella spiaggia spagnola. Per quello, vediamo 3 domande necessarie per rimanere in contatto:

NÚMERO DE TELÉFONO

Sai già i numeri quindi puoi star tranquillo di poterti segnare o dire il tuo numero di cellulare senza sbagliarti.

Diálogo 3:
-¿Cuál es tu número de teléfono? /¿ Me das tu móvil?
-Claro, mi número es el 135792468 ¿y el tuyo?
-Qual è il tuo numero di telefono?/ Mi dai il tuo telefono?
-Certo, il mio numero è 135792468, e il tuo?

REDES SOCIALES

Se vuoi sapere se qualcuno ha qualche account social puoi chiedere:

Diálogo 4:
-¿Tienes Facebook o Instagram?
-Si, mi Instagram es _plazacentral_
- Hai Facebook o Instragram?
- Si, il mio Instagram è _plazacentral_

CORREO ELECTRÓNICO

Se invece l'occasione è più formale dovresti imparare a chiedere la sua mail e anche dire la tua. In Spagna usiamo la parola EMAIL, però usiamo di più CORREO ELECTRÓNICO.

Diálogo 5:
-¿Cuál es tu correo electrónico?/¿me das tu email?
-Mi correo electrónico es: info@plazacentral.it
-Qual è la tua mail? Mi dai la tua mail?
-La mia mail è : info@plazacentral.it

Non preoccuparti, se ancora non li sai, ti lascio qui scritto tutti i simboli che usi per dire la mail:

    @ **arroba**   . **punto**
    - **guión**   _ **guión bajo**

2º EJERCICIO Rispondi alle domande:

    1) ¿Cuántos años tienes?(scrivilo in lettere)
    ....

    2) ¿Cuál es tu número de teléfono?
    ....

    3) ¿Cuándo es tu cumpleaños?
    ....

    4) ¿Cuál es tu estación del año favorita?
    ....

    5) ¿Me das tu correo electrónico?
    ....

    6) ¿Tienes Instagram?
    ....

UNIDAD 8

VERBOS REFLEXIVOS Y VERBO TENER

Se ti ricordi, abbiamo visto le regole dei verbi regolari. Adesso vediamo invece nuovi verbi in modo che tu possa raccontare quello che fai durante le tue giornate come per esempio:
Levantarse - (yo) me levanto alzarsi: (io) mi alzo
Desayunar - (yo) desayuno fare colazione - (io) faccio colazione
Salir de casa - (yo) salgo de casa uscire di casa - (io) esco di casa

VERBOS REFLEXIVOS

Molti di questi verbi sono riflessivi (sono i verbi che finiscono in SE, come ducharSE, vestirSE, ecc.) come in italiano, quindi non avrai problemi a ricordarteli. I riflessivi si coniugano come gli altri verbi, però si caratterizzano per dover sempre portare una parola tra il soggetto e il verbo. Questa parolina si chiama pronome riflessivo.

P. Personali	P.Riflessivi	LEVANTARSE	LAVARSE
YO	ME	LEVANTO	LAVO
TÚ	TE	LEVANTAS	LAVAS
ÉL/ELLA/USTED	SE	LEVANTA	LAVA
NOSOTROS/AS	NOS	LEVANTAMOS	LAVAMOS
VOSOTROS/AS	OS	LEVANTÁIS	LAVAÍS
ELLOS/AS/ USTEDES	SE	LEVANTAN	LAVAN

Come puoi vedere il pronome riflessivo della terza persona singolare e della terza persona plurale è uguale, è sempre SE.
Qui hai alcuni verbi riflessivi della routine quotidiana (attenzione, alcuni sono irregolari, al momento puoi impararli così solo nella

prima persona singolare, nel prossimo libro invece vedremo tutti gli irregolari completi nelle altre persone).

VERBOS REFLEXIVOS DE LA RUTINA DIARIA in prima persona singolare

Me despierto - mi sveglio

Me levanto - mi alzo

Me ducho - mi faccio la doccia

Me seco - mi asciugo

Me lavo los dientes - mi lavo i denti

Me visto - mi vesto

Me peino - mi pettino

Me maquillo - mi trucco

Me afeito - mi rado/mi faccio la barba

Me relajo - mi rilasso

Me pongo el pijama - mi metto il pigiama

Me acuesto - mi sdraio

Me duermo - mi addormento

Ci sono altri verbi della routine diaria che non sono riflessivi e non hanno bisogno del pronome riflessivo, proprio come abbiamo già studiato.

VERBOS DE LAS COMIDAS:

Desayuno-Faccio colazione   **Como**-Pranzo/Mangio a pranzo
Meriendo-Faccio merenda   **Ceno**-Ceno/Mangio a cena

VERBOS DE LA RUTINA DIARIA verbi non riflessivi

Madrugo
mi alzo presto

Empiezo a trabajar
inizio a lavorare

Quedo con amigos
mi incontro con amici

Tiro la basura
butto il pattume

Leo
Leggo

Voy al trabajo
vado al lavoro

Limpio la casa
pulisco la casa

Voy al supermercado
vado al supermercato

Salgo de casa
esco di casa

Termino de trabajar
finisco di lavorare

Llego a casa
arrivo a casa

Paseo al perro
porto a spasso il cane

Veo la tele
vedo la tv

Cocino
Cucino

Trasnocho
vado a dormire tardi

Nella prossima lezione vedremo insieme come si dice l'orario in spagnolo e dopo sarai in grado di raccontare tutta la tua routine.

3º EJERCICIO: Metti il pronome riflessivo corrispondente:

1) Nosotros:……………………
2) Él:……………………………
3) Yo:……………………………
4) Usted:………………………
5) Vosotras:……………………

6) Ustedes:……………………
7) Vosotros:……………………
8) Ellos:…………………………
9) Tú:……………………………
10) Ella:…………………………

4ºEJERCICIO: Completa con i pronomi riflessivi corretti:
1) -¿Cómo.......llamas?..........llamo Marta.
2) Todos las noches.....laváis las manos cuando llegáis a casa.
3) Nosotros........levantamos a las 7 y......acostamos a las 23.
4) Alberto y Cristina .... visten muy rápido para salir.
5) Mi madre .... maquilla mientras mi padre...........afeita.

VERBO TENER

Il verbo TENER è un verbo irregolare, il secondo più importante dopo il verbo SER, l'irregolare per eccellenza, che abbiamo visto il primo mercoledì, te lo ricordi?

P. Personali	TENER
YO	**TENGO**
TÚ	**TIENES**
ÉL/ELLA/USTED	**TIENE**
NOSOTROS/AS	**TENEMOS**
VOSOTROS/AS	**TENÉIS**
ELLOS/AS/ USTEDES	**TIENEN**

Tener significa avere in italiano in quasi tutti i casi. Vediamo i suoi 3 usi principali:

1- Per dire l'età (questo uso già lo sapevi, vero?), esempio:
Alberto tiene 20 años /Alberto ha 20 anni
2- Per parlare di possessione, esempio:
(Yo) tengo un ordenador /(Io) ho un computer
3- Per esprimere una sensazione, esempio:
(Ellos) tienen miedo/ Cristina tiene hambre
(Loro) hanno paura / Cristina ha fame

SENSACIONES:

MIEDO	**SED**	**FRÍO**	**DOLOR DE CABEZA**
Paura	sete	freddo	mal di testa
SUEÑO	**HAMBRE**	**CALOR**	**DOLOR DE ESTÓMAGO**
sonno	fame	caldo	mal di stomaco

5ºEJERCICIO Completa le frasi con il verbo TENER:

1) ¿Tú................un coche rojo?

2) Ellos.................... un perro muy grande.

3) ¿Cuántos años...............Noelia?

4) Jorge duerme con la luz encendida porque .... miedo a la oscuridad.

5) Yo............ dolor de cabeza.

6) ¿Hay agua?Nosotros.................mucha sed.

UNIDAD 9

HORAS Y PARTES DEL DÍA
Ora imparerai le ore in spagnolo e anche le parti del giorno
LAS HORAS
Hai già imparato i numeri, quindi leggere le ore sarà qualcosa di facilissimo. Immaginati quando sarai in Spagna e all'hotel ti diranno l'orario della colazione, non vorrai essere l'unico che per colpa di non aver capito bene l'ora esatta rimanga a digiuno?
Innanzitutto, vediamo come chiedere l'ora:
Informale: **¿tienes hora? / ¿qué hora es?**
Formale :**Perdone (Usted), ¿tiene hora?/ ¿qué hora es?**
Come diciamo che ore sono?

Prima diciamo l'ora:
LAS DOCE, LA UNA, LAS DOS, LAS TRES, LAS CUATRO, LAS CINCO, LAS SEIS, LAS SIETE, LAS OCHO, LAS NUEVE, LAS DIEZ, LAS ONCE

E poi i minuti:
EN PUNTO
Y CINCO / MENOS CINCO
Y DIEZ / MENOS DIEZ
Y CUARTO / MENOS CUARTO
Y VEINTE / MENOS VEINTE
Y VEINTICINCO / MENOS VEINTICINCO
Y MEDIA

Normalmente con le ore non diciamo i numeri superiori al dodici, a parte nella forma scritta.
Esempio:
La clase empieza a las 17:30
(Si scrive così però si legge **CINCO y MEDIA** - CINQUE e MEZZA)

Usiamo **Y** per la prima mezz'ora: 08:20 - **son las ocho y veinte**
E usiamo **MENOS** per l'altra metà: 11:50 - **son las doce menos diez Y cuarto** e **menos cuarto** NON hanno l'articolo UN come in italiano:
-16:15- **son las cuatro y cuarto**
-21:45- **son las diez menos cuarto**

Con la **UNA** usiamo il verbo SER in singolare:
-13:00 – **es la una en punto**
Invece con il resto di ore usiamo il verbo SER al plurale:
-16:15 – **son las cuatro y cuarto**
-08:45 – **son las nueve menos cuarto**

PARTES DEL DÍA
In spagnolo è importante specificare la parte del giorno quando diciamo che ore sono. Per esempio, se ti chiedo: -**¿a qué hora normalmente vas al supermercado?** e tu mi rispondi: -**a las ocho**, senza specificare la parte del giorno non saprò se vai al supermercato alle otto di mattina o alle otto di sera (ricordati che nello spagnolo parlato non differenziamo tra le 08.00 e le 20.00, e infatti entrambe si dicono otto in punto. Per quello conviene sempre accompagnare l'ora con la parte del giorno che le corrisponde:

MADRUGADA	MAÑANA
1 2 3 4 5	6 7 8 9 10 11 12

TARDE	NOCHE
13 14 15 16 17 18 19 20	21 22 23 00

Altri momenti:

amanecer , atardecer - alba ,tramonto

ayer, hoy, mañana - ieri, oggi, domani

la semana pasada - la settimana scorsa

la semana que viene o próxima semana - la settimana prossima

La parola **mañana** ha due significati: domani e mattina. Esempio:

Voy mañana por la mañana Vado domani mattina

Anche la parola **tarde** ha due significati: tardi e pomeriggio/sera. Esempio:

Esta tarde llego tarde. Questo pomeriggio o questa sera arrivo tardi.

6º EJERCICIO: Scrivi le ore con la parte del giorno corrispondente:

1) 8:45: son las ....de la ....

2) 15:20: son las ....de la ....

3) 21:30: son las ....de la ....

4) 02:50: son las ....de la ....

5) 13:05: es la ....de la ....

QUIZ EJERCIOS UNIDAD 7 - 9

Ed eccoci con gli esercizi di fine settimana, andrai alla grande ma ricordati che se hai bisogno ci sono sempre le soluzioni alla fine, vamos!

1. Rispondi a queste domande (scrivi i numeri con le lettere)

1. ¿Cuántos años tienes? ....
2. ¿Cuándo es tu cumpleaños? ....
3. ¿Cuál es tu estación del año favorita? ....
4. ¿Me dices tu correo electrónico, por favor?........................
5. ¿Cuántos años tiene tu mejor amigo? ....
6. ¿Qué meses tienen 31 días? ....

2. Completa le frasi con il pronome riflessivo corretto:

1. ¿Tú................... duchas por la mañana o por la noche?
2. Ella.................. acuesta a las diez y media de la noche.
3. Ellas no..............maquillan nunca.
4. Nosotros no................ peinamos, tenemos el pelo corto.
5. Vosotros, ¿cuántas veces al día ....laváis los dientes?
6. Nosotras .... despertamos tarde.
7. Tus padres...............relajan después de comer.
8. Yo................. levanto de lunes a viernes a las siete.

3. Coniuga il verbo che trovi tra parentesi in Presente de indicativo.

1. Yo (beber) .... dos cafés al día.
2. Mi hermano (correr) ....diez kilómetros al día.
3. Ellos (sacar)...........................la basura todas las noches.
4. Tú (comprar) ....normalmente los sábados por la mañana.
5. Mi abuela(preparar) ....lacomida todos los domingos.
6. Nosotros (trabajar) .... lejos del centro.
7. ¿Vosotros (leer)..................... libros de aventuras?
8. Mi profesora (escribir) ....artículos para una revista.

4. Scrivi in lettere i numeri che vedi:

1. 44...
2. 98...
3. 15...
4. 12...
5. 71...
6. 20...
7. 33...
8. 86...

5. Scegli l'opzione corretta per ogni frase:

1. Nosotros(desayunar) ....en casa todos los días.
2. Yo (ponerse)......................... el pijama después de cenar.
3. Vosotros no (madrugar) ....porque vivís cerca

del trabajo.

4. ¿Normalmente tú (merendar) ....? Yo no porque(cenar)..................pronto.

5. Mi hermana y yo (limpiar)....................la casa los sábados porla mañana.

6. ¿A qué hora (salir)..................de trabajar, usted?

7. ¿Cuándo (quedar, ellos)...............con sus amigos?

8. Ella nunca (ver)...................la televisión porque no le gusta.

6. Scegli il verbo corretto per completare le frasi:

peinarse - desayunar - acostarse - ducharse - despertarse
ir al gimnasio - lavarse - afeitarse

1. Yo........................los dientes después de comer.
2. Yo.........................todos los días después de ducharme.
3. Yo.......................por las mañanas antes de desayunar.
4. Yo............... demasiado tarde, sobre las 23:30 de la noche.
5. Yo.................después del trabajo, estoy una hora allí.
6. Yo.....................muy pronto, a las 6:00 de la mañana.
7. Yo......................cada mañana, tengo el pelo muy largo.
8. Yo..........................café con leche.

7. Completa con il verbo TENER in base alla frase:

1. Nosotras.......................... un coche nuevo.
2. Nuestro perro ....dolor de barriga.
3. ¿Usted....................un ordenador portátil?
4. Yo......................mucho calor, ¿puedes abrir la ventana?.

5. Mi hermana .... mucho sueño, hoy no ha dormido.
6. ¿Vosotras........................ miedo a la oscuridad?
7. Tú.....................................veinte años, ¿verdad?
8. ¿Ustedes.........................dos hijos?

8. Prova a dire se queste affermazioni sono vere (V) o false(F):

1. Los españoles comen a las doce y media de la mañana.V / F
2. A las once y media estamos por la tarde.V / F
3. A las nueve puede ser por la mañana o por la noche.V / F
4. En invierno puede nevar. V / F
5. A las seis estamos por la noche. V / F
6. Los españoles normalmente cenan de nueve a diez. V / F
7. A las dos y media estamos por la mañana. V / F
8. El atardecer es más o menos a las siete de la mañana. V / F
9. Por la noche no hay luz solar . V / F
10. En verano hace mucho frío. V / F

9. Rispondi alle seguenti domande:

0. ¿Qué haces normalmente a las 9.00?
   A las 9:00 yo trabajo todos los días
1. ¿A qué hora te despiertas normalmente?.....................
2. Qué tiempo hace normalmente en verano?.................
3. ¿Qué haces normalmente a las 13.00?...........................
4. ¿Qué tiempo hace normalmente en invierno?...............
5. ¿Qué haces normalmente a las 11.30?...........................

6. ¿Qué haces normalmente a las 20.00?............................

7. ¿Qué haces normalmente a las 23.00?............................

8. ¿Qué haces normalmente a las 17.00?............................

10. Traduci in spagnolo:

1. Tutti i giorni mi alzo alle otto, dopo vado al bar a fare colazione.

....

2. -Ho molto freddo, non mi piace il tempo di questa città.
-Neanche a me.

....

....

3. Mi faccio la doccia tutti i giorni dopo cena.

....

4. Normalmente dormo sette ore, vado a letto alle 23:30.

....

5. Vado in palestra tutti i lunedì, i mercoledì e i venerdì.

....

6. Non mi piace guardare la tv, mi piace leggere dei libri.

....

11. Prova a scrivere un breve testo sulla tua "información personal". Come d'abitudine è il momento di scrivere un breve testo su di te.

Ti do una scaletta di argomenti che dovrebbero far parte del tuo testo. Prova a scrivere qualcosa su tutti questi argomenti che ti metto, vamos:
- EDAD (Tengo...años)
- FECHA DE CUMPLEAÑOS (Mi cumpleaños es el ...)
- MES Y ESTACIÓN FAVORITOS (Mi mes favorito es... /Mi estación favorita es...)
- RUTINA DIARIA Y HORARIOS (Me levanto a las...de la mañana y me...a las...) in questo ultimo punto prova a usare almeno 10 verbi! Puoi farcela.

....
....
....
....
....
....
....
....
....
....
....
....

MODULO 5
UNIDAD 10

ESTADOS ÁNIMO/DESCRIPCIÓN FÍSICA y CARÁCTER

Vediamo due domande che sembrano simile ma che invece non lo sono. **¿CÓMO ESTÁS?** y **¿CÓMO ERES?** - Come stai? Come sei?

ESTADOS DE ÁNIMO

Per sapere lo stato d'animo di una persona puoi chiedere **¿CÓMO ESTÁS?** Questa domanda è uguale alla domanda **¿qué tal?** o **¿qué tal estás?**, può essere che **¿qué tal?** sia un po' più informale però tutte servono per sapere come sta o come si sente una persona.

Importante sapere che utilizziamo il verbo ESTAR e non il verbo SER con gli stati d'animo. Nella prossima lezione ti spiegherò la differenza tra SER e ESTAR.

Yo estoy triste, perché è il nostro ultimo modulo insieme, anche se spero di continuare a insegnarti lo spagnolo con il libro Impara lo Spagnolo da Zero 2.

DIÁLOGO 1:
-¿Cómo está tu profe de español?
-Está contenta porque ha visto que te has esforzado y has aprendido mucho español.
- Come sta la tua prof di spagnolo?
- È contenta perché ha visto che ti sei sforzato e hai imparato molto spagnolo.

ESTADOS DE ÁNIMO

1º EJERCICIO Completa le frasi con gli stati d'animo che hai visto prima:

1) -Llevo dos noches sin dormir. Estoy........................

2) -¡Qúe guapa es Julia! Es perfecta. Estoy.....................

3) -Me han robado la bicicleta. Estoy.................

4) -He sacado un diez en el examen de historia.

   Estoy....................

5) -Mis amigos me han organizado una fiesta

   por mi cumpleaños. Estoy.................

DESCRIPCIÓN FÍSICA Y DE CARÁCTER

Per sapere com'è una persona fisicamente o caratterialmente abbiamo bisogno di usare il verbo SER e quindi per chiedere la descrizione di qualcuno facciamo questa domanda:

¿CÓMO + VERBO SER?

Per rispondere impariamo alcuni aggettivi che possono esserti utili per descriverti o descrivere un'altra persona.

Diálogo 2
-¿Cómo es tu profesora de español?
-Ella es joven, alta, tiene el pelo castaño y largo y tiene los ojos marrones.
-Com'è la tua insegnante di spagnolo?
-Lei è giovane, alta, ha i capelli lunghi e castani e ha gli occhi marroni.

DESCRIPCIÓN FÍSICA

-¿Cómo eres? -Yo soy... / -Come sei? -Io sono...

ALTO	**GUAPO**	**DELGADO**	**JOVEN**
alto	bello	magro	giovane
BAJO	**FEO**	**GORDO**	**MAYOR**
basso	brutto	grasso	grande/anziano

CARÁCTER

-¿Cómo eres de carácter? - Soy... / -Come sei di carattere? -Io sono...

ALEGRE	allegro	**SERIO**	serio
GENEROSO	generoso	**TACAÑO**	taccagno
INTELIGENTE	intelligente	**ESTÚPIDO**	stupido

SIMPÁTICO	simpatico	**ANTIPÁTICO**	antipatico
ABIERTO	aperto	**CERRADO**	chiuso
TRANQUILO	tranquillo	**NERVIOSO**	nervoso

OTROS ASPECTOS FÍSICOS CON IL VERBO TENER:

PELO

-¿Cómo tienes el pelo? -Tengo el pelo.../ -Come hai i capelli? -Ho i capelli...

MORENO	**RUBIO**	**CASTAÑO**	**PELIRROJO**
scuri/neri	biondi	castani	rossi
LISO	**RIZADO**	**LARGO**	**CORTO**
lisci	ricci	lunghi	corti

Sì, in spagnolo el pelo (*i capelli*) è singolare, dovrai abituarti a chiamarlo così.

OJOS

-¿Cómo tienes los ojos? -Tengo los ojos.../ -Come hai gli occhi? -Ho gli occhi...

MARRONES	**VERDES**	**AZULES**	**NEGROS**
marroni	verdi	azzurri	neri

OTROS

Tengo... - Ho...

GAFAS	**BARBA**	**BIGOTE**	**PERILLA**
occhiali	barba	baffo	pizzetto

2º EJERCICIO Completa le frasi con le parole del fisico.

1) En mi familia somos todos muy............, el más bajo mide 190 cm.

2) Tiene................porque sino no ve la pizarra.

3) Mi gato está muy......................tiene que comer menos.

4) Tiene 15 años, todavía es muy ....

5) Marcos tiene el pelo.................como el sol.

3º EJERCICIO Descrivi il carattere del tuo migliore amico:

....

....

....

....

....

UNIDAD 11

V. ESTAR, USOS, DIFERENCIA CON SER Y V. GUSTAR

VERBO ESTAR

Ti faccio vedere un altro verbo irregolare molto importante. Abbiamo visto il verbo **SER** e il verbo **TENER**. Adesso vediamo il verbo **ESTAR**.

P. Personali	ESTAR
YO	**ESTOY**
TÚ	**ESTÁS**
ÉL/ELLA/USTED	**ESTÁ**
NOSOTROS/AS	**ESTAMOS**
VOSOTROS/AS	**ESTÁIS**
ELLOS/AS/ USTEDES	**ESTÁN**

Gli usi principali sono:

1. Per parlare degli stati d'animo perché possono cambiare, esempio:

Hoy estoy triste porque he suspendido el examen

Oggi sono triste perché non ho passato l'esame (oggi sono triste, ieri forse no).

2. Per Indicare la posizione o ubicare qualcosa, esempio:

Mi madre está en casa / Roma está en Italia

Mia mamma è in casa / Roma è in Italia

3. Per parlare degli stati civili, esempio:

Juan y Ana están casados

Juan e Ana sono sposati (anche questo può essere qualcosa di temporaneo: oggi sei sposato e l'anno scorso eri single).

CASADO/A	**SOLTERO/A**	**DIVORCIADO/A**	**VIUDO/A**
sposato/a	single	divorziato/a	vedovo/a

Come vedi, in spagnolo in questi tre esempi si usa il verbo ESTAR mentre in italiano si usa il verbo ESSERE(SER). Ti consiglio di ricordarlo!

4º EJERCICIO. Completa le frasi con il verbo ESTAR:

1) Nosotros……………….muy contentos.
2) Mónica y Carmen ……………. en la biblioteca.
3) Mi amigo ……………… enamorado de su vecina.
4) Julio………………….soltero y no quiere tener novia.

DIFERENCIA CON EL VERBO SER

Nel primo modulo abbiamo visto alcuni usi del verbo **SER**:

1- con i nomi
2- con la nazionalità
3- con le professioni

Oltre a questi usi, abbiamo imparato che utilizziamo il verbo SER anche in questi casi:

4- con la descrizione fisica
5- con la data e l'ora
6- con il prezzo

In conclusione la differenza principale è che usiamo ESTAR con situazioni temporanee che possono cambiare nel tempo e il verbo SER per descrivere una persona o una situazione in una condizione permanente.

A volte la situazione si complica, quindi attenzione perché con alcuni aggettivi si possono usare SER e ESTAR, però hanno significati diversi:

MALO:
Ser malo - Essere cattivo (di carattere)
Estar malo - Essere malato o avere un sapore cattivo

BUENO:
Ser bueno - Essere buono (di carattere)
Estar bueno - Essere attraente (persona) o avere un sapore buono (cibo)

LISTO:
Ser listo - Essere furbo o intelligente
Estar listo - Essere pronto

RICO:
Ser rico -Essere ricco
Estar rico - Avere un sapore buono(sinonimo de "estar bueno")

Estás listo o **eres listo** per fare gli esercizi? Se impari gli usi di questi due verbi non avrai problemi a usarli correttamente. Ricorda che la pratica è sempre importante, è facile confondersi e infatti, confondere ESTAR e SER è uno degli errori più facili da commettere.

5º EJERCICIO: Scegli tra il verbo ESTAR e SER:
1) ¿Dónde ....el centro comercial?
2) Marta .... rubia y alta, ella............rusa.
3) Vosotros ....casados.
4) Mañana.................el 8 de enero.
5) ¿Cuánto............?......... dos euros.
6) Yo............... nervioso antes del examen.
7)¿Dónde.........(tú)? ....en la parada del autobús.

VERBO GUSTAR

Questo verbo probabilmente lo conosci già, lo potresti aver sentito in qualche canzone.

Gustar vuol dire piacere, e in spagnolo si usa esattamente come in italiano. Esempio:

-**Me gusta la pizza con salchicha y queso gorgonzola**
-Mi piace la pizza con salsiccia e formaggio gorgonzola

Però posso anche dire questo e non è un errore:
-**A mí me gusta el helado de fresa y mango**
-A me piace il gelato di fragola e mango
*A me mi piace...Lo so che non si dice in Italiano - ma si può dire in spagnolo!

(A MÍ)	ME	
(A TÍ)	TE	
(A ÉL,ELLA,USTED)	LE	GUSTA/GUSTAN
(A NOSOTROS/AS)	NOS	
(A VOSOTROS/AS)	OS	
(A ELLOS/AS/USTEDES)	LES	

In spagnolo è corretto dire **ME GUSTA** ed è anche corretto dire **A MÍ ME GUSTA**, puoi usare la forma che più ti piace. Pero è scorretto solo dire: A ME GUSTA.
La forma negativa diventa così: **A MI NO ME GUSTA o NO ME GUSTA**

Quando usiamo GUSTA e quando GUSTAN?
-**GUSTA:** con sostantivi singolari o verbi
Esempio: **nos gusta la película -** ci piace il film (película

è un sostantivo singolare)
¿**te gusta cocinar**? - ti piace cucinare? (cocinar è un verbo)

-**GUSTAN:** con sostantivi plurali
Esempio: **les gustan los viajes** - (A loro) gli piacciono i viaggi (viajes è un sostantivo plurale)

6º EJERCICIO. Scegli l'opzione corretta:

1) A ellos no .... jugar a ese deporte.
   a) les gusta   b) se gusta   c) le gusta

2) ¿A.............................los helados de fresa?
   a) ti gustan   b) a te gustan   c) ti te gustan

3) .... leer por la noche.
   a) la gusta   b) a ella se gusta   c) le gusta

4) Este libro .... mucho.
   a) a nos gusta   b) nos gusta   c) nosotros nos gusta

UNIDAD 12

EXPRESAR GUSTOS Y PASATIEMPOS

Nella ultima lezione di questo libro ti spiego come rispondere quando ci chiedono se ci piace qualcosa, oltre a descrivere qualche hobbies che vedremo insieme.

Immaginati in vacanza su una spiaggia spagnola quando nel Chiringuito ti viene chiesto se ti piace la sangría. Non vorrai solo rispondere un timido "si" o "no"?

EXPRESAR GUSTOS

Dunque, abbiamo imparato a usare il verbo **Gustar**. Invece, ora vediamo l'intensità per dire se quella cosa piace molto o poco.

Diálogo 1:
-¿Qué te gusta hacer en tu tiempo libre?
- Cosa ti piace fare nel tuo tempo libero?
-**Me gusta mucho pasear y no me gusta nada pintar.**
-Mi piace molto camminare e non mi piace per niente dipingere

Vediamo, pertanto, l'intensità ovvero la quantità dal maggiore al minore ¿**cuanto te gusta hacer algo?** quanto ti piace fare qualcosa?

-Me gusta muchísimo	mi piace moltissimo
-Me gusta mucho	mi piace molto
-No me gusta	non mi piace
-No me gusta nada	non mi piace per niente

PASATIEMPOS

L'obiettivo di questa lezione sarà anche quello di imparare nuove parole per poter iniziare a costruire frasi un po' più lunghe. Questi sono alcuni degli hobbies più comuni:

CANTAR	COCINAR
cantare	cucinare
BAILAR	IR AL CINE
ballare	andare al cinema
HACER DEPORTE	TOCAR UN INSTRUMENTO
fare sport	suonare uno strumento
VIAJAR	PINTAR
viaggiare	dipingere
ESCUCHAR MÚSICA	NADAR
ascoltare la musica	nuotare
ESCRIBIR	VER LA TELE
scrivere	guardare la tv

LEER EL PERIÓDICO/REVISTA/LIBRO
leggere il giornale/rivista/libro
JUGAR AL FÚTBOL/BALONCESTO/VOLEIBOL/AJEDREZ/CARTAS
giocare a calcio/basket/pallavolo
JUGAR AL AJEDREZ/ A LAS CARTAS/ A LOS VIDEOJUEGOS
Giocare a scacchi/a carte/ai videogiochi

7º EJERCICIO. Scrivi due cose che ti piacciono e due che invece non ti piacciono:

Esempio: me gusta muchísimo estudiar español

1)..

2) ....

3) ....

4) ....

Diálogo 2
-A mí me gusta bailar ¿y a ti?
- A me piace ballare e a te?
-A mí también
- Anche a me

Devi imparare anche come rispondere a questa domanda. Qui hai le quattro forme diverse possibili:

gusta 🙂   no gusta 🙁

<u>Situazione in cui le persone che parlano sono in accordo</u>:

- me gusta viajar en coche, ¿ y a ti? 🙂
- mi piace viaggiare in macchina, e a te?

- a mí también 🙂
- anche a me

- no me gusta cocinar, ¿y a ti? 🙁
- non mi piace cucinare, e a te?

- a mí tampoco 🙁
- neanche a me

<u>Situazione in cui le persone che parlano sono in disaccordo</u>:

- me gusta hacer deporte, ¿y a ti? 🙂
- mi piace fare sport, e a te?

- a mí no 🙁
- a me no

- no me gusta jugar al fútbol, ¿y a ti? 🙁
- non mi piace giocare a calcio, e a te?

- a mí sí 🙂
- a me si

QUIZ EJERCICIOS UNIDAD 10-12

1. Scrivi un aggettivo che risponda alla frase: ¿Cómo estás?

1. No muy bien, he trabajado mucho y estoy........................
2. No tengo nada que hacer y estoy........................
3. Mi madre no me deja salir y estoy........................
4. Se ha muerto mi tortuga y estoy........................
5. Tengo que estudiar mucho, estoy........................
6. He conocido al amor de mi vida, se llama Stefano, estoy ....

2. Scegli l'opzione corretta:

1. Mi madre tiene el pelo rizados / largo / rubia yo en cambio lo tengo corto.
2. Estamos muy feliz / tristos / cansados de trabajar todo el día.
3. Mi novio es muy guapo / abierta / largo, estoy enamorada.
4. Tienes un bigote / gafas / barbilla muy bonito.
5. Mis compañeros son muy cerrados / vagos / simpáticos, siempre nos reímos juntos.
6. Mi mejor amiga es lisada / morena / las gafas, me encanta su pelo.

3. Scrivi il contrario di queste parole:

1. Guapo .... 2. Alto............................
3. Moreno.......................... 4. Generoso.....................
5. Inteligente.................... 6. Simpático....................
7. Tranquilo..................... 8. Delgado......................

4. Correggi gli errori:

1. Tiengo los ojos azul y soy bigotes............................
2. Mi madre están muy alta..
3. Tengo los pelos rubio...
4. Mi profesor está simpáticos.......................................
5. Él son de Madrid...
6. Nosotros estamos profesores...................................
7. Mi hermano son divorciado......................................
8. Hoy está martes 13..

5. Completa le frasi con il verbo SER o TENER:

1. Mi hermana.................doctora.
2. Nosotros ....45 años.
3. ¿Ellos........................ de Madrid?
4. Hoy ....lunes.
5. ¿Vosotros.......................hambre o sed?
6. Tú..........................muy guapa.
7. Yo .... joven pero ....gafas.
8. Tú..........................el pelo muy largo.

6. Completa con la persona corretta del verbo SER o ESTAR:

1. Nosotros......................abiertos, tenemos muchos amigos.
2. Tú ....en Salamanca aunque...............de Madrid.
3. Ellas .... alegres pero hoy ....tristes.
4. Usted .... tranquilo pero hoy.......nervioso.
5. Yo ....delgada y tengo el pelo negro.
6. Él......................soltero, no tiene novia.
7. Nosotras .... en el instituto, ...muy contentas.
8. La comida....................rica, me encanta cocinar.

7. Completa le frasi con il verbo GUSTA o GUSTAN e poi dì se sei d'accordo o meno:

1. A mi padre le..................los documentales. A mí..............
2. A ustedes les.................. las revistas en inglés. A mí..........
3. A nosotros nos...................ver la tele por las noches. A mí....................
4. No me.................. tocar el piano. A mí ....
5. ¿Te .... las películas de miedo? A mí....................
6. A ella le .... los conciertos de rock. A mí...............

8. Completa con i pronomi e GUSTA o GUSTAN:

1. A nosotras........................... ver películas de miedo.
2. A mí...................... jugar al fútbol.
3. A ellos .... cocinar los sábados.

4. ¿A ti no ....pintar?
5. ¿A ustedes .... los libros de aventura?
6. A mi madre................................tocar el violín.
7. A ellas ....escuchar música en español.
8. ¿A vosotros............................... ir al cine por la tarde?

9. Rispondi in base ai tuoi gusti, sei d'accordo?

1. A Irene no le gusta hacer deporte, ¿y a ti?
....
2. Me encanta viajar con mi familia ¿y a ti?
....
3. A mi hermana no le gusta cocinar. ¿y a ti?
....
4. No me gusta nada nadar en la piscina ¿y a ti?
....
5. Me gusta mucho ir al cine ¿y a ti?
....
6. A mi padre le gusta bastante correr por la ciudad ¿y a ti?
....
7. No me gusta leer por la noche ¿y a ti?
....

10. Ripassa la routine quotidiana, rispondi scrivendo il verbo:

1. ¿A qué hora te despiertas?
....
2. ¿Te duchas por la mañana o por la noche?
....

3. ¿Limpias tu casa todos los días?
   ....
4. ¿A qué hora te acuestas?
   ....
5. ¿Vas al trabajo los sábados?
   ....
6. ¿A qué hora desayunas normalmente?
   ....
7. ¿Vas al gimnasio?¿qué días vas?¿a qué hora?
   ....
8. ¿Te maquillas todos los días?
   ....
9. ¿Te afeitas los lunes?
   ....

11. Come ormai ti sei abituato, è il momento di scrivere qualcosa su te stesso. Forza, ora hai acquisito un po' di competenze per raccontarti al meglio.

Ti do una scaletta di argomenti che dovrebbero far parte del tuo testo. Prova a scrivere qualcosa su tutti questi argomenti che ti metto, vamos:
- TU ESTADO DE ÁNIMO LOS DOMINGOS (Los domingos estoy...)
- DESCRIPCIÓN FÍSICA Y OTROS ASPECTOS FÍSICOS (Soy...,Tengo...)
- DESCRIPCIÓN DEL CARÁCTER (Yo soy...)
- ESTADO CIVIL (Estoy...)
- TRES COSAS QUE TE GUSTA Y TRES COSAS QUE NO TE GUSTA HACER LOS FIN DESEMANA (Los sábados me gusta muchísimo..., no me gusta nada...)

IL BELLO DI POTERSI RIVEDERE

Ed eccoci qui, arrivati alla prima destinazione. Voglio ringraziarti di aver iniziato con me questo percorso di apprendimento dello spagnolo. È un bellissimo viaggio che è appena cominciato. La Spagna e la cultura spagnola sono una scoperta continua, e ti auguro di poter continuare con tutto l'entusiasmo che hai messo.

Se ti è piaciuto il libro e pensi che possa essere di aiuto anche ad altre persone ad imparare lo spagnolo, ti invito a farmi una recensione in modo che anche la tua testimonianza possa contribuire a diffondere questo metodo.

Ci vediamo nel secondo volume!
¡Hasta pronto!

SOLUCIONES

MODULO 2
EJERCICIOS:

1º EJERCICIO
1. Il tuo cognome + il cognome di tua mamma
2. Hola, soy Anna y mi apellido es Spaggiari, ¿y tú cómo te llamas?

2º EJERCICIO: Libre

3º EJERCICIO
1. Hola, me llamo Carlos y mi apellido es Ruiz. Soy español, de Barcelona.
2. Luis Alvarez no es alemán pero él vive en Madrid.
3. Ella vive en Italia pero es francesa.

4º EJERCICIO
1. Él 2. Nosotras 3. Ellos 4. Vosotros

5º EJERCICIO

1. hablo	2. lleva	3. escuchamos	4. viven
5. bebes	6. decide	7. aprendéis	8. suben

6º EJERCICIO
1) Tú eres español
2) -¿Usted es el señor Perez?
   -No, yo soy el señor Montero
3) Nosotros somos médicos
4) ¿De dónde son ellas?
5) Vosotros sois chinos

7º EJERCICIO
1. Hola, buenos días, me llamo Francisca, encantada. ¿Cómo te llamas?
2. Hola Francisca, yo soy Alberto, mucho gusto.
3. ¿De dónde eres Alberto?
4. Soy alemán pero vivo en Madrid
5. Hasta pronto Alberto

QUIZ EJERCICIOS UNIDAD 1-3
1º EJERCICIO

1. Apellido	2. Vivimos	3. Eres	4. Estudian
5. Canta	6. Trabaja	7. Escribís	8. Cenan

2º EJERCICIO
1. Es   2. Somos   3. Sois   4. Soy   5. Es   6. Eres

3º EJERCICIO
1. Tú   2. Yo   3. Nosotros   4. Vosotras
5. Usted   6. Nosotros/as   7. Ella   8. Ustedes

4º EJERCICIO
1. ¿De dónde eres?
2. Buenos días / buenas tardes
3. Hasta luego/ adiós
4. Buenos días, soy + nombre, encantado/a
5. Soy + nacionalidad
Adiós, hasta mañana

5º EJERCICIO
1. Cómo / me llamo +nombre
2. Dónde / soy + nacionalidad
3. Cómo / se llama + nombre de tu amigo
4. Cómo/ se apellida + nombre de tu abuelo
5. Cómo / se llama + nombre de tu padre
6. Dónde/ es de Colombia o es colombiana
7. Cómo/ se apellida + nombre de tu madre
8. Dónde/ son de México o son mexicanos

6º EJERCICIO
1.F 2.A 3.E 4.D 5. B 6. C

7º EJERCICIO
1. Adiós Raquel, hasta mañana
2. Hasta el próximo lunes Manuel
3. ¿Hola chicas, qué tal?
4. Nos vemos mes que viene
5. Hola. Encantado de conocerte
6. Hola, buenos días. ¿Cómo está?
7. Hasta el martes y buen fin de semana
8. Buenos días señor López. ¿Cómo está?

8º EJERCICIO
1. El 2. La 3. Las 4. El 5. Los 6. Los 7. La 8. La
9. La 10. La 11. La 12. El 13. La 14. Las 15. Los 16. La

9º EJERCICIO
1. Inglesas   2. Japonesa   3. Estadounidense   4. Española
5. Alemán   6. Portugués   7. Chinas   8. Japonés

10º EJERCICIO
1. Jota-a-eme-o-ene
2. A-eme-a-erre-i-ele-ele-o
3. Ce-a-erre-pe-e-te-a
4. Ce-a-erre-a-eme-e-ele-o
5. Ce-ache-o-ce-o-ele-a-te-e
6. Ce-o-eme-i-de-a
7. Pe-e-ese-ce-a-de-o
8. Be-o-te-e-ele-ele-a
9. Pe-e-erre-erre-i-te-o

11º EJERCICIO: LIBRE

3º MODULO
EJERCICIOS

1º EJERCICIO
Me llamo Claudia, soy japonesa, vivo en un pueblo de la Toscana, en la calle Alleanza 9.

2º EJERCICIO
1.Peluquero   2.Bombero   3.Policía   4.Periodista
5.Veterinaria   6.Jueza   7.Cocinero

3º EJERCICIO
1.Directora   2.Tía   3.Profesora   4.Vecina   5.Traductora
6.Jueza   7.Alemana   8.Jefa   9.Señora   10.Compañera

4ºEJERCICIO
1.Es una chavala simpática
2.Es una cantante muy buena
3.Es una profesora americana
4.Es una madre estricta
5.Es una estudiante sensata

5º EJERCICIO
1.Las ciudades   2.Los relojes   3.Las paces   4.Las manos
5.Los champús   6. Los cafés   7. Los colores 8. Las mamás
9. Los países   10. Los disfraces

6º EJERCICIO
1.Los viernes hace mucho calor.
2.Hoy hace un tiempo horrible.
3.Este fin de semana hace un buen tiempo.
4.Por favor, ¿cómo te llamas?
5.-¡El reloj es estupendo! – Gracias -De nada
6.Hoy: martes ; mañana: miércoles ; ayer: lunes

QUIZ EJERCICIOS UNIDAD 4 - 6

1º EJERCICIO
1. Cuántos   2. Dónde   3. Quién   4. Qué   5. Cómo   6. Por qué

2º EJERCICIO
1. Escuchamos   2. Escribes   3. Compro   4. Vende
5. Lee   6. Usan   7. Llama   8. Recibís

3º EJERCICIO
1. veterinario   2. profesora   3. periodistas
4. fotógrafo   5. músico   6. pilota

4º EJERCICIO
1.Lunes   2.Libre   3.Libre   4.Libre   5.Libre   6.Miércoles

5º EJERCICIO
1. Mi madre es profesora y mi tía cocinera.
2. Él es un cantante español muy famoso.
3. La jueza es muy seria pero una gran trabajadora.
4. La mujer de mi primo es la veterinaria de mi gata.
5. El camarero de este bar es muy antipático con las clientes.
6. Mi hermano es médico y mi primo quiere ser enfermero.

6º EJERCICIO
1. Tengo /Tenemos unos gatos marrones y blancos.
2. Mis vecinas son inteligentes y trabajadoras.
3. La chica de clase es muy atenta y estudiosa.
4. Mis hermanos son muy simpáticos y alegres.
5. Yo soy muy exigente con el trabajo.
6. Mis hermanas tienen unos perros y unas tortugas.

7º EJERCICIO
1.Nosotros/as   2.Tú   3.Vosotros/as   4.Ellos/as   5.Él/ella/usted
6.Ellos/as   7.Yo   8.Él/ella/usted   9.Yo   10.Vosotros/as

8º EJERCICIO
V 2. F 3. V 4. V 5. F 6. F

9º EJERCICIO: LIBRE

10º EJERCICIO
1.- Hola Raquel, te presento a Beatriz, es mi amiga española- Encantada, yo soy Raquel.
2. ¿Cuántos años tiene tu hermana? Es muy joven.
3. En esta ciudad hace mucho frío, no me gusta.
4. ¿Dónde vivís? ¿Cerca del trabajo? Yo vivo en Módena.
5. Yo soy profesor/a y mi prima es cantante.
6. ¿De dónde eres? – Soy italiana de Milán.

11º EJERCICIO: LIBRE

4º MODULO
EJERCICIOS

1º EJERCICIO
- Once
- Veintiocho
- Cuarenta y dos
- Noventa y cinco
- Setenta y tres
- cincuenta y seis
- ochenta y uno
- sesenta y siete
- treinta y nueve
- quince

2º EJERCICIO: Libre

3º EJERCICIO
1.Nos	2.Se	3.Me	4.Se	5.Os
6.Se	7.Os	8.Se	9.Te	10.Se

4ºEJERCICIO
1.Te / Me   2.Os   3.Nos / Nos   4.Se   5.Se / Se

5º EJERCICIO
1.Tienes   2.Tienen   3.Tiene   4.Tiene   5.Tengo   6.Tenemos

6º EJERCICIO
1. Son las nueve menos cuarto de la mañana.
2. Son las tres y veinte de la tarde.
3. Son las nueve y media de la noche.
4. Son las tres menos diez de la madrugada
5. Es la una y cinco de la tarde

QUIZ EJERCICIOS UNIDAD 7-9
1º EJERCICIO: Libre

2º EJERCICIO
1.Te	2.Se	3.Se	4.Nos
5.Os	6.Nos	7.Se	8.Me

3º EJERCICIO
1.Bebo	2.Corre	3.Sacan	4.Compras
5.Prepara	6.Trabajamos	7.Leéis	8.Escribe

4ºEJERCICIO
1. Cuarenta y cuatro
2. Noventa y ocho
3. Quince
4. Doce
5. Setenta y uno
6. Veinte
7. Treinta y tres
8. Ochenta y seis

5º EJERCICIO
1. Desayunamos   2. Me pongo
3. Madrugáis   4. Meriendas / ceno
5. Limpiamos   6. Sale
7. Quedan   8. Ve

6º EJERCICIO
1. Me lavo   2. Me afeito   3. Me ducho   4. Me acuesto
5. Voy al gimnasio   6. Me despierto   7. Me peino   8. Desayuno

7º EJERCICIO
1. Tenemos 2. Tiene 3. Tiene 4. Tengo 5. Tiene 6. Tenéis 7. Tienes 8. Tienen

8º EJERCICIO
1. F 2. F 3. V 4. V 5. F 6. V 7. F 8. F 9. V 10. F

9º EJERCICIO: LIBRE

10º EJERCICIO
1. Todos los días me levanto a las ocho, después voy al bar a desayunar.
2. -Tengo mucho frío, no me gusta el tiempo de esta ciudad. -A mí tampoco.
3. Me ducho todos los días después de cenar.
4. Normalmente duermo siete horas, voy a la cama a las once y media de la noche.
5. Voy al gimnasio los lunes, los miércoles y los viernes.
6. No me gusta ver la tele, me gusta leer (los)libros.

11º EJERCICIO: LIBRE

5º MODULO
EJERCICIOS
1º EJERCICIO
1. Cansado   2. Enamorado   3. Enfadado
4. Contento/ Feliz / Emocionado   5. Sorprendido

2º EJERCICIO
1. Altos   2. Gafas   3. Gordo   4. Joven   5. Rubio

3º EJERCICIO: Libre

4º EJERCICIO
1. Estamos   2. Están   3. Está   4. Está

5º EJERCICIO
1. Está   2. Es/es   3. Esáis   4. Es   5. Es /son   6. Estoy   7. Estás / estoy

6º EJERCICIO
1. a   2. c   3. c   4. b

7º EJERCICIO: Libre

QUIZ EJERCICIOS UNIDAD 10-12
1º EJERCICIO
1.Cansado/A   2.Aburrido/A   3.Enfadado/A
4.Triste   5.Estresado/A   6.Enamorado/A

2º EJERCICIO
1.Largo   2.Cansados   3.Guapo   4.Bigote   5.Simpáticos   6.Morena

3º EJERCICIO
1.Feo   2.Bajo   3.Rubio   4.Tacaño   5.Estúpido   6.Antipático   7.Nervioso   8.Gordo

4ºEJERCICIO
1.Tengo los ojos azules y tengo bigote
2.Mi madre es muy alta
3. Tengo el pelo rubio
4. Mi profesor es simpático
5. Él es de Madrid
6. Nosotros somos profesores
7.Mi hermano está divorciado
8.Hoy es martes 13

5º EJERCICIO
1.Es   2.Tenemos   3.Son   4. Es   5.Tenéis   6.Eres   7.Soy7Tengo   8.Tienes

6º EJERCICIO
1.Somos   2.Estás/ eres   3.Son/están   4.Es/está
5.Soy   6.Está   7.Estamos / estamos   8.Está

7º EJERCICIO
1. Gustan / respuesta libre   2. Gustan / respuesta libre
3. Gusta / respuesta libre   4. Gusta / respuesta libre
5. Gustan / respuesta libre   6. Gustan / respuesta libre

8º EJERCICIO
1. Nos gusta   2. Me gusta   3. Les gusta   4.Te gusta
5.Les gustan   6.Le gusta   7.Les gusta   8.Os gusta

9º EJERCICIO LIBRE

10 º EJERCICIO
1. (Yo)Me despierto a las...
2. (Yo)Me ducho por las......
3. Libre
4. (Yo)Me acuesto a las...
5. Libre
6. (Yo) desayuno a las .....
7 .Libre
8. Libre

11º EJERCICIO: LIBRE

Printed by Amazon Italia Logistica S.r.l.
Torrazza Piemonte (TO), Italy